CLAUDE LANDRÉ
GAGSTER

Couverture

- Photo:
  YVES NANTEL
- Maquette :
  GAÉTAN FORCILLO

Maquette intérieure

- Conception graphique et illustration:
  GAÉTAN FORCILLO

DISTRIBUTEURS EXCLUSIFS:

- Pour le Canada
  AGENCE DE DISTRIBUTION POPULAIRE INC.,*
  955, rue Amherst, Montréal H2L 3K4, (514/523-1182)
  *Filiale du groupe Sogides Ltée

- Pour l'Europe (Belgique, France, Portugal, Suisse,
  Yougoslavie et pays de l'Est)
  OYEZ S.A. Muntstraat, 10 — 3000 Louvain, Belgique
         tél.: 016/220421 (3 lignes)

- Ventes aux libraires
  PARIS: 4, rue de Fleurus; tél.: 548 40 92
  BRUXELLES: 21, rue Defacqz; tél.: 538 69 73

- Pour tout autre pays
  DÉPARTEMENT INTERNATIONAL HACHETTE
  79, boul. Saint-Germain, Paris 6e, France; tél.: 325 22 11

CLAUDE LANDRÉ
GAGSTER

LES ÉDITIONS DE L'HOMME*

CANADA: 955, rue Amherst, Montréal H2L 3K4
EUROPE: 21, rue Defacqz — 1050 Bruxelles, Belgique

* Filiale du groupe Sogides Ltée

© 1978 LES ÉDITIONS DE L'HOMME LTÉE

Tous droits réservés

Bibliothèque nationale du Québec
Dépôt légal — 1er trimestre 1978

ISBN-0-7759-0585-2

Ami lecteur, ce petit livre sans prétention est un peu le condensé d'histoires glanées au cours de mes années de scène. Certaines sont connues, d'autres moins. Il y en a des drôles et d'autres plus fines qui font sourire simplement.

Comme dirait Alphonse Allais, la logique mène à tout. Or, il était logique qu'une oeuvre pareille parusse dans les plus brefs délais.

Je m'enfarge lecteur, je m'en excuse, plonge vite, "tête première" dans les pages qui suivent, notre passage terrestre si court, mon dieu, qu'il nous faut bien rire un peu.

Claude Landré,
Artiste de variétés

*Je dédie ce bouquin
aux animateurs de radio
en panne entre deux disques
ou entre deux "spots".*

— Qu'est-ce que vous portez comme montre?
— Je n'en porte pas...
— Pourquoi?
— Je n'ai pas le temps...

* * *

Un moulin à poivre demande à un moulin à café: "Alors, toujours en train de broyer du noir..."

* * *

— Et alors ton parachutiste?
— Je l'ai laissé tomber... trop mal élevé...

* * *

Vous connaissez l'histoire du lit vertical, c'est une histoire à dormir debout...

* * *

Bébé nuage dit à maman nuage: "Je vais faire pluie pluie..."

* * *

Vous connaissez la différence entre Nasser et la misère?
Nasser est colonel, la misère est générale...

* * *

Deux psychiatres se rencontrent:
— Comment vais-je?
— Pas mal, et moi?

* * *

Deux poissons chinois prennent "un ver" et font "Chine Chine..."

* * *

Le carré de sucre amoureux de la petite cuillère:
Allons dans un café...

* * *

Jeunes gens ambitieux qui n'avez pas peur de vous mouiller!
Devenez homme-grenouille...

* * *

Voyant déferler sur la plage une bande de jeunes gens, turbulents, la mer murmure: Ah la nouvelle vague...

* * *

C'est un pauvre diable qui se prend pour un Dieu...

* * *

Le chien a un grand avantage sur l'homme, c'est quelqu'un d'autre qui paie ses taxes...

* * *

Une pelle est amoureuse d'un balai:
Je donnerai tout pour qu'il me fasse la cour...

* * *

Pourquoi les anciens cabs londoniens étaient-ils conduits par un cocher assis derrière le toit?
Pour que le supérieur assis à l'intérieur, ne puisse voir le postérieur de l'inférieur assis à l'extérieur...

* * *

Un vrai mélomane est un homme qui écoute par le trou de la serrure une fille qui chante dans sa baignoire...

Monsieur prendra-t-il son bain, avec ou sans eau?
Sans eau, je n'ai pas le temps de me sécher...

       * * *

— Comment est mort votre père?
— Oh, il est tombé à travers une sorte d'échafaudage...
— Et que faisait-il là-dessus?
— On était en train de le pendre...

       * * *

— Comment va votre petit dernier?
— Il marche depuis six mois...
— Mon dieu, il doit être rendu loin...

       * * *

Savez vous quel est le commercial préféré des mères célibataires? Moi, jaime ça un homme bien habillé...

Quelle différence y a-t-il entre le drapeau russe et le drapeau corse?
Sur le drapeau corse il n'y a pas d'outils...

* * *

Un ver luisant et un grillon ont organisé un spectacle son et lumière...

* * *

Un jeune voyou aborde une dame d'un certain âge:
— Amène ton fric la vieille.
— Mais je n'ai pas un sou.
Et notre jeune voyou continue de fouiller sa victime de la façon la plus indiscrète. Au moment où il va abandonner, la dame haletante supplie:
— Continuez encore un peu et je vous signe un chèque...

* * *

Un jeune homme danse avec une fille au décolleté plongeant et invitant... Il lui susurre doucement à l'oreille:
— Mais comme c'est profond
— Oui, mais pourquoi le dites-vous deux fois..?
— Mais je ne l'ai dit qu'une fois...
— Bah alors, c'est l'écho...

* * *

C'est Guitry qui disait quand bien malade ses médecins l'obligeait à prendre 35 médicaments par jour: "Eh bien, il en faut de la santé pour résister à tout ça."

* * *

Les occupations principales d'une femme sont: changer de vêtements, changer d'idée, changer de mari...

* * *

La petite clef demande à la grosse clef:
— Alors vous vous mariez. C'est pour quand?
— Quand j'aurai mon trousseau...

* * *

Deux jolies femmes juchées sur un tabouret de bar s'ennuient et jettent des regards désabusés sur l'assistance assez clairsemée.

— Bon, décide l'une d'elle. Si je ne suis pas au lit à dix heures je vais me coucher.

* * *

Pour punir une femme, achetez-lui trois chapeaux, et enfermez-la avec dans une pièce sans miroir.

* * *

— J'hésite pour me marier entre un banquier et un médecin...
— La bourse ou la vie quoi!

* * *

— Figurez-vous qu'en mangeant des petits fours, j'ai eu comme un malaise subi, j'ai cru m'être empoisonnée ma chère...

— Vous vous êtes mordu la langue sans doute...

*   *   *

Un galant homme,c'est celui qui se souvient de la date de naissance d'une femme et qui a oublié son âge...

*   *   *

Petit Martien qui mendie: m'sieurs dames, n'oubliez pas ma soucoupe...

* * *

— Comment vont les affaires?
— Mal, ma clientèle grandit de jour en jour
— Je ne comprends pas, qu'est-ce que tu vends?
— Des vêtements d'enfants...

* * *

— Monsieur est-ce que je ne vous ai pas rencontré à Québec?
— Non, je n'ai jamais été à Québec...
— Moi non plus. Il doit s'agir de deux autres personnes...

* * *

Que tous les hommes soient frères, c'est le rêve des gens qui n'ont pas de frère...

* * *

En l'an 3 000, le téléphone sonne, un robot répond:
— C'est d'la part de quoi?

* * *

Une assistante sociale établit un dossier pour une jeune femme...
— Voyons, combien avez-vous d'enfants?
— Sept.
— Quel âge?
— Douze, onze, dix, neuf, huit, sept et six ans...
— Après on a eu la télé...

* * *

— Monsieur avez-vous des enfants?
— Mais oui, j'ai un fils unique...
— Et à quoi le destinez-vous?
— A la solitude...

* * *

Qu'est-ce que le masochisme? C'est une perversion absurde qui consiste à se faire du mal à soi-même, alors qu'il y a les autres pour cela...

* * *

Ça se passe au jardin zoologique:
— Pardon, m'sieur le gardien, cet éléphant, est-ce un mâle ou une femelle?
— Il me semble madame que cette question ne devrait intéresser qu'un autre éléphant...

* * *

Histoire belge:
— Allez! dit l'un, je viens maintenant d'avoir un enfant.
— C'est une fille?
— Non un garçon.
— Eh bien, je ne me suis pas trompé de beaucoup, hein!

* * *

Un milliardaire américain s'engage un nouveau chauffeur:
— Je veux un chauffeur extrêmement prudent, un homme qui ne prenne pas le moindre risque.
— Je suis l'homme qu'il vous faut sir. Pouvez-vous me payer un mois d'avance?

* * *

— Madame, est-ce que vous fumez après l'amour?
— A vrai dire, je n'ai pas regardé...

* * *

Une dame chez un psychiatre:
— Docteur c'est affreux mon fils se prend pour une poule.
— Y'a longtemps?
— Cinq ans.
— Et vous n'avez rien fait!
— Ben, vous savez, on est pas très riche — les oeufs nous arrangeaient bien...

Un explorateur blanc se trouve en présence d'un Indien:
— Vous êtes le dernier des Mohicans?
— Non, je suis l'avant-dernier... le dernier est mort hier...

*   *   *

Dans le néant, dans l'incréé, dans les limbes, une âme rencontre une autre âme...
— Il paraît qu'ils ont découvert une autre maladie, un nouveau virus... Ça s'appelle la vie... C'est terrible, on en meurt...

*   *   *

Les familles, l'été venu, se dirigent vers la mer, en y amenant leurs enfants dans l'espoir, souvent déçu, de noyer les plus laids...

*   *   *

Pensée d'Alphonse Allais: La mer ne déborde pas parce que la providence a prévu cette catastrophe et mis des éponges dans la mer.

* * *

Les révolutions et les tremblements de terre dans les diverses parties du monde contribuent puissamment à développer la connaissance de l'histoire et de la géographie...

* * *

"Le plus grand tort des peintres modernes, est de ne pas faire de tableaux anciens." Salvador Dali.

* * *

Passer pour un idiot aux yeux d'un imbécile est une volupté de fin gourmet...

* * *

Il faut regarder l'argent de haut, mais ne jamais le perdre de vue...

* * *

Si vous en prenez soin, votre corps vous durera toute votre vie...

* * *

Histoire d'un juif devant une pâtisserie: Ça me rappelle les p'tits fours...

* * *

Un intellectuel, c'est un homme qui a trouvé un sujet d'étude plus intéressant que les femmes...

* * *

Mon frère était très en avance pour son âge; à trois ans, il était déjà mort...

* * *

Quelle est la différence entre la France et une jeune fille?
C'est que la France reste toujours la France...

* * *

Qu'est-ce qu'une vieille fille? Une personne qui n'a gardé que
deux choses... la deuxième, sa rancune...

* * *

Mademoiselle, avez-vous l'impression que la terre tourne?
Non. Alors, vous n'avez jamais été embrassée comme il faut...

* * *

Comment appelle-t-on un homme qui tue son père? Un parri-
cide.
Comment appelle-t-on un homme qui tue son frère? Un fra-
tricide.
Comment appelle-t-on un homme qui tue son beau-frère?
Un insecticide, parce qu'il tue "l'époux" de sa soeur...

* * *

Les hommes se répartissent en trois classes: les vaniteux,
les orgueilleux et les autres, et je n'ai jamais rencontré les
autres...

* * *

S'il me répugne de dire tout haut ce que je pense tout bas, c'est
uniquement parce que je n'ai pas la voix assez forte.

* * *

Un idiot pauvre est un idiot, un idiot riche est un riche...

* * *

Il ne passe jamais au soleil, parce que ça le fatigue de traîner
son ombre...

* * *

Elle est affreuse, mais elle a trois millions de dot, ou, si vous
préférez, de dommages et intérêts!...

— Docteur, j'ai envie de me tuer...
— Ne vous inquiétez pas, laissez-moi faire...

*   *   *

A la campagne, deux aiguilles découvrent un tas de foin et l'une propose: si on jouait à cache-cache...

*   *   *

— Maman, les p'tits gars disent que je suis frisé comme un mouton,
— bêêêêêêêêê non...

*   *   *

Quelle est la différence entre l'homme et la femme?
C'est que la femme éprouve du désir pour une paire de bas vide et l'homme pour une paire de bas plein...

*   *   *

J'ai connu une institutrice qui est passée sans transition des conjugaisons au conjugal...

* * *

— C'est la cigogne qui a apporté ton petit frère.
— Veux-tu voir ton petit frère?
— Non, je veux voir la cigogne...

* * *

Un évier engorgé entend Aznavour à la radio:
— Tiens, encore un qui m'imite...

* * *

Peinte sur un mur, une flèche est inquiète: J'ai toujours peur que quelqu'un me suive...

* * *

Un barbier est en train d'exercer ses talents sur un de ses clients habituels:
— Dis donc, est-ce que tu avais une cravate rouge en arrivant?
— Non?
— Alors, j'ai dû te couper la gorge...

* * *

On a vu des hommes monter sur l'échafaud, n'ayant que ce moyen pour s'élever au-dessus des autres.

* * *

— Notre chien a été insupportable cette nuit, on a dû le corriger... Cela ne vous a pas réveillée Mme Saint-Onge?
— Si ça m'a réveillée? J'ai même entendu votre femme le menacer de lui enlever ses clefs s'il recommençait à rentrer aussi tard...

* * *

— Docteur, je suis très inquiète, mon mari fait des ronds de fumée toute la journée...

— Mais il n'y a rien de grave à ça, ça m'arrive aussi...

— Mais docteur, c'est que mon mari ne fume pas!

* * *

N'en finissant pas d'attendre un navet qui lui a donné rendez-vous, une carotte s'affole: "Pourvu qu'il ne me pose pas un lapin..."

* * *

— Comment vont les affaires? demande un psychiatre à un autre.

— Formidable, j'ai un malade sensationnel. Un cas de dédoublement de la personnalité.

— Mais c'est un cas qui n'a rien d'extraordinaire...

— Mais si, mon vieux, les deux personnalités me paient.

* * *

Une fusée soupire: Ah! les hommes! Depuis le temps qu'ils me promettent la lune!

* * *

— Il paraît qu'il y a du nouveau chez vous?

— Ouais...

— C'est un garçon ou une fille?

— C'est un garçon.

— Comment il s'appelle?

— Terminus, parce que y en a marre!

* * *

Devenue grand-mère, la vieille brebis s'extasie sur son agneau de petit-fils: — Pensez donc, il m'appelle déjà mê-mê...

* * *

— A combien de mille sommes-nous d'Ottawa?

— Dans le sens où vous marchez, vous en êtes à 25 000

milles répond aimablement un Indien, mais, si vous faites demi-tour vous n'en êtes qu'à 4 milles...

* * *

— Non docteur, vous ne me convaincrez pas. J'aime mieux mourir que de me faire opérer.
— Mais madame, l'un n'empêche pas l'autre.

* * *

Une fort belle femme est à la salle d'accouchement, son mari assiste à l'opération.
— Ah chérie, quand je pense que c'est d'ma faute.
— Mais non, mon chou, tu n'y es pour rien...

* * *

— Alors Docteur, de quoi souffre mon mari?
— Ça madame, l'autopsie nous l'dira...

* * *

— Je ne veux plus voir Jean, il connaît trop de chansons grossières:
— Comment il ose te les chanter?
— Non, il les siffle...

* * *

— Salut mon pote et comment va Jojo? Il y a une éternité que je l'ai vu.
— Ben Jojo, il est mort depuis 2 ans.
— Ah tant mieux, j'croyais qu'il était fâché...

* * *

Que font les hommes après l'amour?
Voici le résultat d'une enquête sur le sujet:
— 1% recommence — 4% fument une cigarette — 95% rentrent chez eux...

* * *

Qu'est-ce qu'un cannibale?
C'est un homme qui aime son prochain avec de la sauce...

* * *

Un jeune homme est interrogé à son entrée à l'école navale par l'examinateur.
— Nommez-moi cinq animaux qui mangent de l'herbe?
— Heu.
— Voyons ne vous troublez pas, c'est facile cinq animaux qui mangent de l'herbe.
— Des animaux... ah j'avais compris des amiraux...
(Et il n'a pas été reçu)...

* * *

Lorsqu'un enfant veut se jeter par la fenêtre, laissez-le faire. Il ne recommencera pas deux fois...

* * *

Annonce classée: Monsieur ayant déjà eu des hauts et des bas, demande place comme garçon d'ascenseur...

* * *

Deux inventeurs canadiens se trouvent aux Etats-Unis dans le but de vendre chacun son brevet le plus cher possible. Le premier obtient $5 000 pour une espèce de machine qui lorsqu'on y glisse une pièce de $5 nous distribue une femme.
L'autre inventeur reçoit $1 000 000 dollars pour son invention qui lorsqu'on y insère une femme nous donne $5.00...

* * *

Voici la définition d'un dentiste. Praticien qui n'est heureux que lorsqu'on lui montre les dents...

* * *

— Quelles furent les dernières paroles de votre père?
— Il n'a pu parler, maman a été à son chevet jusqu'à la fin...

* * *

Le mariage est une communauté composée d'un maître, d'une maîtresse et de deux esclaves, ce qui fait en tout deux personnes...

* * *

Un bon papa se promène avec sa petite fille de six ans. Soudain, ils voient un couple curieusement entrelacé.
Père: Mais ils font l'amour!
Fille: Oui et très mal...

* * *

Mon petit frère faisant sa prière le soir: Mon Dieu, accordez la fortune à papa, accordez la santé à maman, accordez aussi le piano...

* * *

— Vous dites que l'accusé vous a frappé avec malice et préméditation?

— Non votre Honneur, il m'a frappé avec une pelle et un marteau...

* * *

— Quelle est la différence entre un steak à $2 et un steak à $3?

— Pour celui de $3, nous fournissons un couteau qui coupe...

* * *

Vous savez que Pascal combattait ses maux de tête avec des problèmes de géométrie. Moi je combattais la géométrie en faisant semblant d'avoir des maux de tête...

* * *

— Docteur mon mari se prend pour un réfrigérateur...

— C'est assez courant madame,surtout en Amérique.

— Mais docteur, il dort la bouche ouverte et la petite lumière m'empêche de dormir...

* * *

— Madame, vous êtes dans une rue à sens unique.

— Mais je ne roulais que dans un sens...

* * *

Venez dégustez notre fameux sandwich "cactus", vous le mangez et il vous cure les dents en même temps...

* * *

Un jeune noir brûle un feu rouge.Un policier lui demande

— Eh vous là, vous n'avez pas vu le feu rouge?

— Je l'ai vu, mais vu que les blancs passent au feu vert, j'ai cru que le feu rouge était pour les noirs...

* * *

Ça se passe à Paris la nuit: une péripatéticienne, invite un bon curé à faire ce que vous savez;

Curé: Mon enfant vous tombez mal, j'ai trois raisons pour ne pas le faire: la première raison c'est que je n'ai pas d'argent.

La fille de répondre: Ça va, te fatigue pas, les deux autres j'mens fous...

Un touriste au Japon rencontre une indigène enceinte:
— Comment t'appelles-tu?
— Himatoumi...

* * *

— Qu'est-ce que ta femme dira quand elle te verra rentrer si tard?
— Mais je ne suis pas marié.
— Alors, pourquoi rentres-tu si tard?

* * *

Vous savez pourquoi les médecins portent des gants lors des opérations?
C'est pour ne pas laisser d'empreintes digitales sur les lieux du crime...

* * *

— On ne peut pas être et avoir été!
— Vous vous trompez et la preuve c'est qu'on peut avoir été un imbécile et l'être encore...

* * *

— Armande, savais-tu qu'un homme est renversé toutes les heures au moins, par une automobile?
— Mon Dieu, le pauvre homme...

* * *

Dans le magasin où une cliente est en train de l'essayer, une paire de chaussures gémit:
— Ah! ce que ça peut faire mal, des pieds neufs!

* * *

Cet homme distrait assis dans un compartiment d'un train qui file à toute allure épluche lentement une banane, se lève et se jette par la fenêtre...

* * *

Quel est le comble de la politesse? Refermer la fenêtre derrière soi après s'être jeté dans le vide...

* * *

Grandi par son sacrifice, il ne retrouva plus jamais un appartement à sa taille...

* * *

Pourquoi donne-t-on toujours l'âge des personnes décédées, mais jamais celui des nouveaux-nés?

* * *

Les gens superstitieux ne se font jamais enterrer un vendredi 13, de crainte que cela ne leur porte malheur...

* * *

Gladys vient de jeter ses deux filles jumelles du haut de la falaise dans la mer cruelle: Que c'est affreux de ne pas savoir hélas laquelle est arrivée la première en bas...

* * *

Chère madame, croyez bien que si je regarde l'heure constamment, ce n'est pas que je sois mal élevé, c'est parce que je m'ennuie... J'ai passé une excellente soirée mais ce n'était pas celle-ci...

* * *

Quand son troisième mari est mort, elle est devenue blonde de chagrin...

* * *

Ayant tué son père, sa mère, son frère, sa soeur, son fils, son beau-père, sa grand-mère, la bonne et ses deux filleules, l'assasin sortit en faisant claquer la porte...

* * *

Les mariages heureux — Les sourds, ils s'entendent très bien...

C'est une grande atteinte aux vices que de les exposer à la risée de tout l'monde, on veut bien être méchant, mais on ne veut point être ridicule.
Le ridicule ne tue pas, regardez autour de vous, il n'y a que des gens bien portants... (Molière)

Quelle est la différence entre les sauvages et les civilisés?
Les sauvages sont des hommes à l'état brut,
les civilisés sont des brutes à l'état d'homme...

Quelle est la différence entre l'amitié et l'amour?
L'amitié ne rapporte rien, l'amour peut rapporter des allocations familiales...

Qu'est-ce qu'un dromadaire?
C'est un chameau qui ne bosse qu'à moitié...

Qu'est-ce qu'une esthéticienne?
C'est une spécialiste qui, sans être nécessairement drôle, arrive parfois à dérider ses clientes...

Qu'est-ce qu'un cosmonaute?
C'est une personne bien élevée...

* * *

Deux marins, naufragés depuis un mois sur une île déserte jouent aux devinettes pour passer le temps.

— Une grande vedette de cinéma. Je suis blonde aux yeux verts, jambes fuselées... j'ai 42 de tour de poitrine, 36 de tour de taille, qui suis-je?

— J'men fous, embrasse-moi vite...

* * *

Qu'est-ce qu'une call-girl?

C'est une demoiselle qui décroche son téléphone en disant: "Allo je coûte"...

* * *

Qu'est-ce qu'un campeur?
C'est un sportif qui vit dans la tente des beaux jours...

*　*　*

Qu'est-ce qu'une campagne électorale?
C'est l'art de se servir de sa voix pour en gagner d'autres.

*　*　*

Qu'est-ce qu'un capital?
S'applique à un péché qui, pour certains, ne manque pas de capital.

*　*　*

Qu'est-ce qu'un cavalier?
C'est un monsieur, qui se promène avec un cheval entre les jambes.

*　*　*

Qu'est-ce qu'un centaure?
C'est un homme avec qui la nature s'est montrée un peu cavalière.

*　*　*

Qu'est-ce que la chirurgie dentaire?
C'est un domaine où les molaires des uns font le bonheur des autres.

*　*　*

Qu'est-ce que le cinémascope?
C'est un procédé permettant de voir DELON en large.

*　*　*

Qu'est-ce que le coeur?
C'est un moteur à explosion à la merci d'une panne des sens.

*　*　*

Qu'est-ce qu'un corsage?
Une châsse renfermant des reliques de seins.

* * *

Les chercheurs d'or sont des gens qu'on juge sur leur mine.

* * *

A quoi sert un cerveau?
Un cerveau permet à l'homme d'employer sa matière grise à meubler d'idées noires ses nuits blanches.

* * *

Notre mère Eve: Un jolie morceau à se mettre sous l'Adam.

* * *

Pourquoi les rêves ont-ils été créés?
Eh bien, pour qu'on ne s'ennuie pas pendant le sommeil.

* * *

Les médecins sont des gens très forts. Quand ils font une erreur, ils l'enterrent...

* * *

Certaines gens donnent leur parole et ne la tiennent pas. Mais comment voulez-vous qu'ils la tiennent, puisqu'ils l'ont donnée.

* * *

Petites annonces:
On demande des personnes sachant très bien compter jusqu'à dix, pour vérifications des doigts dans une fabrique de gants.

* * *

On demande monsieur ne sachant pas lire, possédant belle écriture pour travaux copie textes secrets. S'adresser deuxième bureau.

* * *

Ma femme que j'ai gâtée: Je lui ai acheté une bague — Je lui ai dit pour que cette bague reste brillante, il faut la tremper deux fois par jour dans l'eau de vaisselle...

* * *

Mon succès auprès des femmes — elle a tapé 45 minutes à la porte mais je ne l'ai pas laisser sortir...

* * *

Mon premier spectacle je l'ai donné dans un asile de vieillards et j'ai eu un mal fou à les dérider...

* * *

Il faut savoir parler aux femmes — par exemple, je ne dis jamais à une femme je veux coucher avec vous. Non, je lui dis, je veux vous faire un enfant, ça fait plus sérieux...

* * *

En Angleterre, j'ai rencontré une Lady qui était d'une laideur et en plus que j'ai épousée, elle se croyait jeune et ses meubles anciens, c'était le contraire...

* * *

Quelle différence y a-t-il entre un mur et un agent de circulation?
Essayer de faire pipi contre un agent, vous verrez la différence tout de suite...

* * *

Quelle différence y a-t-il entre la bigamie et la monogamie?
La bigamie, vous avez une femme de trop, et la monogamie, c'est la même chose...

* * *

Quel est l'animal qui zozote quand il a trop bu?
C'est le zébu...

* * *

Dans le métro, une vieille dame est debout à côté d'un monsieur:

— Je vous cèderais bien ma place, mais elle est déjà occupée...

* * *

Quelle différence y a-t-il entre une hermine et un ramoneur?
L'hermine est toute blanche avec la queue noire, le ramoneur est tout noir... heu avec une échelle sur le dos...

* * *

Mon frère est gardien de jour dans une boîte de nuit...

* * *

Bien qu'ayant beaucoup de talent, il n'a que des amis...

* * *

Les injures, il faut savoir les mériter.

* * *

Quand un homme a besoin de beaucoup d'argent, c'est qu'il a une femme qui ne vaut pas cher...

* * *

On fait plaisir aux gens quand on va les voir, si ce n'est pas en arrivant, c'est en repartant...

* * *

Une jeune fille descend à reculons, au milieu de la nuit, l'échelle qui sert à son enlèvement, précédée de son amoureux, chargé d'une valise. Elle murmure:
— Si papa savait ce que je suis en train de faire, il me tuerait!
— Je ne crois pas, répond le jeune homme. C'est lui qui tient l'échelle...

* * *

Les hommes sont beaucoup plus discrets que les femmes...
Un collègue de bureau a reçu une augmentation il y a six mois. Eh bien, sa femme ne le sait pas encore...

* * *

Un petit garçon et une petite fille, la main dans la main, se regardent dans les yeux. A ce moment, tinte la clochette du marchand de glaces:
— Ecoute, dit la petite fille d'une voix rêveuse, notre air favori!

* * *

Un individu arrive en retard à la partie de hockey du samedi soir au forum. Il demande à son voisin:

— Ça fait longtemps que la partie est commencée?
— 18 minutes monsieur!
— Qu'est-ce que c'est le score?
— Zéro à zéro!
— Tant mieux... comme ça, j'ai rien manqué!

* * *

Ti-Tur demande à son professeur:
— Monsieur le professeur... La fin de monde est-ce que ça va être aussi terrible qu'ils le disent dans le catéchisme?
— Sûrement Ti-Tur... la terre tremblera... les trompettes célestes retentiront, et de partout les morts sortiront de leur tombe.
— Ouais, mais s'il y a tant de bruits que ça, pensez-vous que cette journée-là on va avoir congé?

* * *

Un monsieur contemple, à la devanture d'un magasin d'appareils électriques, une affiche qui porte ces mots:
"Monsieur, pensez à votre femme." Alors, le monsieur entre dans le magasin et demande poliment:
— Vous n'auriez pas une chaise électrique?

* * *

— Deux robineux sont assis sur un banc au parc Viger. Tout à coup l'un des deux s'exclame: Ça sent bon!
— C'est probablement ma lotion à barbe Ernest!
— Oui... elle sent bon!... Quelle sorte de lotion à barbe que tu bois?

* * *

— Ti-Moune veut s'acheter une nouvelle voiture. Mais comme ses moyens sont plutôt bas, il cherche dans la section des voitures usagées:
— Ça monsieur c'est une voiture sensationnelle... Vous n'aurez pas de problèmes avec ça...
— Je vous vois venir vous! Comme tous les vendeurs, vous

allez me dire que cette voiture-là appartenait à une petite vieille, qui ne s'en servait que le dimanche pour aller à la grand'messe!

— Oh non monsieur, vous vous trompez! Cette voiture-là, appartenait à une jeune fille qui ne se servait que du siège d'en arrière!...

* * *

C'est par instinct que les femmes portent des corsets: c'est le besoin de se faire serrer.

* * *

C'est bien vrai que l'histoire se répète. Autrefois, on était surpris de voir rouler une automobile à 30 milles à l'heure, et la chose nous surprend encore aujourd'hui.

* * *

Un homme de génie est un homme qui est capable de persuader sa femme que le vison la vieillit.

* * *

Les hommes ne valent pas cher, d'accord, mais les femmes ne sont pas bon marché...

* * *

Il faut toujours emporter des pyjamas en voyage de noces... En cas de feu, ça peut être utile...

* * *

Un homme marié... c'est un homme qui se sert de ses deux mains pour conduire une automobile...

* * *

Mademoiselle... si vous constatez qu'un homme vous regarde dans les yeux, c'est probablement parce que votre chandail n'est pas assez bien garni!

* * *

Femme: je pense, donc j'essuie...

* * *

Il était tellement vieux, qu'il était heureux quand une fille lui répondait: Non!

* * *

Moi, j'avais jamais cru aux soucoupes volantes, jusqu'au jour où j'ai essayé de pincer les cuisses de la serveuse au restaurant!

* * *

Si votre fille se marie, ne tentez pas de lui expliquer ce qu'elle devra faire le soir de ses noces. Ça serait comme tenter d'expliquer à un poisson comment nager!

* * *

Si vous voulez que votre femme écoute ce que vous avez à dire, parlez durant votre sommeil...

* * *

Tête qui ne revient pas — Tête d'enterrement —

* * *

* * *

— Mais enfin, c'est insensé! Qu'est-ce qui vous pousse à voler, alors que vous gagnez largement de quoi manger?
— Eh bien, monsieur le juge, c'est que je ne gagne pas assez pour boire!

* * *

Le petit Barnabé vient de s'éveiller et il se plaint dans son lit:
— Où as-tu mal, chéri?
— Euh, à l'école!

* * *

Entendu à l'école:
— Mais Barnabé, tu ne sais absolument rien!
— Mais pourquoi croyez-vous qu'on m'envoie à l'école?

* * *

La déclaration d'un jeune homme tout tremblant de timidité.
— Depuis que je vous connais, je rêve à vous chaque nuit. Vous voyez bien que je vous aime comme un fou.
— Si vous m'aimiez comme un fou, vous ne dormiriez pas du tout!

* * *

Ma femme a la pire mémoire au monde.
— Elle oublie tout?
— Non, elle se rappelle tout!

* * *

Deux commères parlent d'une troisième:
— Le médecin dit qu'elle est atteinte de strabisme.
— Ça c'est louche!

* * *

Un monsieur bien prétentieux aime à répéter:
— Je me suis fait moi-même.
— Evidemment, c'est une excuse!

* * *

Entendu à l'école:
Le professeur: Si nous sommes sur terre, c'est pour travailler.
Le petit Barnabé: Je m'en moque, je veux être marin!

* * *

Deux nouveaux prisonniers.
— Ton mauvais coup?
— J'ai levé la main sur un agent.
— Ah! moi, je l'ai abaissée!

* * *

Deux touristes visitent le tombeau de Napoléon:
— On dit qu'il est mort d'ennui.
— Non, il est mort le matin!

* * *

La différence entre un alligator et un crocodile...
Il n'y en a pas, c'est caïman pareil...

* * *

Un playboy se rend chez un psychiatre:
Ma vie familiale est difficile, je recherche ma mère à travers ma femme, je retrouve ma grand-mère dans ma fille aînée, ma soeur dans la cadette, mon père dans mon fils et ma femme ne comprend pas que c'est elle que je cherche dans les autres femmes.

* * *

Quelle différence y-a-t-il entre un croque-mort et de la mayonnaise?
Il n'y en a pas, tous les deux accompagnent de la viande froide.

* * *

Deux assiettes de bouillon flirtent: On ne vous a jamais dit, fait l'une que vous avez de jolis yeux!

* * *

Un ananas frais interroge un ananas en boîte: Il y a longtemps que tu es en tôle?

* * *

— Monsieur le chauffeur, dit la jeune fille après s'être assise, j'ai rendez-vous au parc Lafontaine...
— Mais nous allons au terminus Atwater mademoiselle, vous êtes juste dans la direction opposée...
— Ah! c'est pas possible... et elle va s'asseoir sur le siège d'en face...

* * *

Terriblement enrouée, une petite souris rayonne: c'est formidable, j'ai un chat dans la gorge...

* * *

— Et comment on dansait de votre temps?
— Avec les jambes...

* * *

A la mémoire de toutes ces victimes, de tous ces gens qui se sont entretués pour que règne la paix...

* * *

— La charité ma bonne dame, je n'ai pas mangé depuis trois jours...
— Mais il faut vous forcer mon brave...

* * *

— Dis maman, pourquoi papa il est tout froid et il ne bouge plus?
— Tais-toi, et creuse...

* * *

— Qui est ce monsieur si maigre?
— C'est un lutteur.
— Non!
— Si, il lutte contre la tuberculose...

* * *

— Dis maman, qu'est-ce que c'est un vampire?
— Tais-toi et bois avant que ça coagule...

Madame Chose amène son fils chez un peintre.
— Il est maigrichon. Je voudrais que vous avantagiez un peu
  son portrait.
— D'accord, je le peindrai à l'huile de foie de morue!

* * *

— Aimez-vous les enfants?
— Oui. Bien cuits...

* * *

Les vieillards, il faut les tuer jeunes...

* * *

Ce doit être marrant de se trouver sans bras au volant d'une
automobile à 150 milles à l'heure sur une piste ovale.

Avec une bille, on peut faire du mal. Avec un bâton aussi. Mais avec une bille et un bâton faire du mal devient une entreprise qu'il est presque inutile de tenter.

Durant la dernière guerre en 1940, un grand magasin avait été bombardé et à moitié détruit. Le directeur ne le ferma pas pour si peu et afficha simplement: Encore plus ouvert que d'habitude.

— Savez-vous mademoiselle que vous avez renversé cinq piétons en une semaine... c'est beaucoup trop!
— Ah! on a droit à combien?

C'est un homme, bien entendu, qui a prétendu que les dix plus belles années de la vie d'une femme se situaient entre 28 et 30 ans...

Madame cette robe vous va à ravir... elle vous rajeunit de dix ans. Et bien dans ce cas laissez faire, je ne l'achète plus... car quand je l'enlèverai, je paraîtrai 10 ans de plus.

Un anneau dans le nez, vous êtes une sauvage, deux anneaux dans les oreilles, vous êtes une civilisée.

L'homme propose, Dieu dispose, et la femme s'interpose.

Il faut s'amuser à mentir aux femmes, on a l'impression que l'on se rembourse.

— Venez ma chère, je vais vous faire connaître mon mari!
— Non merci, ma chère, j'en ai un actuellement.

— Je viens de consulter une voyante qui m'a dit une chose affreuse: que je mourrai jeune!

— Moi à ta place, je trouverais que c'est un compliment inespéré.

* * *

Tu sais mon chou, le vison ça ne se porte plus du tout cette année... ça se mange!

* * *

— Vraiment chère amie, cette blanquette de veau est succulente... Sans doute une recette de famille?

— Pas du tout... figurez-vous que le mois dernier, j'étais à un concert et il y avait une dame devant moi qui donnait cette recette à sa voisine!

* * *

Ce nouveau locataire n'est pas causant... Si je n'ouvrais pas ses lettres, je ne saurais rien sur lui...

* * *

— Tu as un bien joli médaillon...

— Oui, j'ai mis dedans une mèche de cheveux de mon pauvre mari... Il n'est pas mort, il est chauve...

* * *

Dieu merci, dans la vie il n'y a pas que l'argent: il y a aussi les bijoux, les fourrures et les automobiles de sport...

* * *

L'honnête homme ment 10 fois par jour, l'honnête femme 20 fois par jour, l'homme du monde 100 fois par jour... on n'a jamais pu compter combien de fois par jour ment une femme du monde!

Elle rajeunit de plus en plus... si cela continue, elle va finir par paraître son âge...

* * *

— Moi Arlette, je l'ai toujours trouvée mieux de profil.
— En effet, comme ça on n'en voit que la moitié...

* * *

Je hais les propriétaires... et je suis devenue moi-même propriétaire, parce que c'est la seule manière de ne pas avoir de propriétaire...

* * *

— Mademoiselle, est-ce que l'on vous a déjà dit que vous ressembliez à Brigitte Bardot?
— Non, jamais...
— Eh bien, on a eu raison.

* * *

Madame Lalancette vient d'avoir un terrible accident!
— La pauvre!
— Elle est défigurée.
— La pauvre!
— Mais un chirurgien va lui refaire le même visage qu'avant.
— Oh! la pauvre!

* * *

Dis-moi Jean-Louis, pourrais-tu me dire si la dame au décolleté plongeant essaie d'entrer dans sa robe ou si elle tente d'en sortir?

* * *

— Non Robert... n'insistez pas... je ne me laisserai embrasser que lorsque je serai fiancée...
— Alors, soyez gentille, prévenez-moi quand vous le serez!

* * *

Dans une tribu cannibale le sorcier annonce au grand chef:
— Félicitations, vous êtes l'heureux papa d'un beau garçon de
  6 livres. C'est pour emporter ou pour manger tout suite?

*   *   *

— Mademoiselle Josette, si je mettais ma fortune à vos pieds,
  pensez-vous que vous pourriez arriver à m'aimer un peu?
— Pourquoi pas? j'ai bien appris à taper à la machine en un
  mois...

*   *   *

Figure-toi qu'il m'arrive une histoire incompréhensible. Tu sais
que mon mari part toutes les semaines en tournée. Hier, un
type sonne et me demande si Georges est là. Je lui réponds
que non, alors il s'est assis, il a bavardé une heure avec moi,
puis il m'a embrassée sur la bouche et pour finir il m'a poussée
sur le lit. Et depuis lundi il revient tous les jours. Ça recommence de la même manière, et je suis très ennuyée, parce que je
ne comprends toujours pas ce que ce type peut bien vouloir à
Georges...

*   *   *

— Vous êtes la fille la plus ravissante que j'aie jamais rencontrée.
— Vous êtes un flatteur. Si vous ne le pensiez pas, vous me le diriez quand même?
— Et si je ne vous le disais pas, est-ce que vous ne le penseriez pas quand-même?

* * *

— Si vous ne m'épousez pas, je mourrai.
La cruelle ne l'épousa pas... et il mourut 60 ans plus tard...

* * *

— Je voudrais promener ton bébé pendant quelques heures...
— Je veux bien, mais pourquoi cette gentillesse subite?
— C'est pour faire peur à quelqu'un.

* * *

— Hier soir mes parents ont reçu à dîner un monsieur extrêmement important.
— Comment le sais-tu?
— Maman riait à toutes les plaisanteries de papa!

* * *

Ça va me faire drôle chérie, quand nous serons mariés de n'avoir plus personne à qui offrir des fleurs et des bonbons...

* * *

Vous connaissez une méthode verticale vous, pour réussir dans le cinéma...

* * *

— Que mange-t-on principalement dans cette région?
— Surtout du poisson.
— Tiens, je croyais que le poisson était une nourriture qui développait les facultés intellectuelles. Et je n'ai jamais vu de gens ayant l'air aussi peu intelligent que par ici...
— Pensez un peu à l'air qu'ils auraient s'ils ne mangeaient pas de poisson...

S'apercevant qu'il était tout pâle, un jaune d'oeuf s'inquiète:
— Pourvu que je ne fasse pas de l'albumine...

* * *

Tout jeune encore, une noix parle de se suicider.
— Je ne veux pas me faire à l'idée qu'on me traite un jour de "vieille noix"...

* * *

— Dites-moi Alphonse, voulez-vous que je vous fasse voir où j'ai été opérée de l'appendicite?
— Non merci, je n'aime pas les hôpitaux...

* * *

— Vous dites madame que vous voulez divorcer parce que votre mari néglige son apparence. Est-ce exact?
— Oui votre honneur, il y a trois ans qu'il n'est pas apparu à la maison...

* * *

— Les actrices sont de belles femmes...
— Pas tant que ça... quand tu les regardes de proche c'est pas pareil... prend Elisabeth Taylor, qu'a-t-elle de si extraordinaire... enlève lui ses lèvres, enlève lui ses yeux, enlève lui ses cheveux, enlève lui sa silhouette... et qu'est-ce que tu as?
— Ma femme...

* * *

Vous savez pourquoi les putains ne votent jamais?
Ça ne leur fait rien, peu importe qui rentre...

— Vous fumez trop, vous mourrez jeune...
— Bah mon père a 80 ans et il fume toujours...
— S'il ne fumait pas, il en aurait cent...

* * *

Tous les méchants sont buveurs d'eau...
C'est prouvé par le déluge...

* * *

L'ennui est qu'il faut boire pour supporter les gens, et qu'à ce moment-là, ils ne vous supportent pas...

* * *

Il y a des hommes qui n'ont que ce qu'il méritent.
Les autres sont célibataires.

* * *

Pourquoi les oiseaux ne sont-ils jamais embarrassés pour écrire?
Parce qu'ils ont des plumes...

* * *

— Ginette, que faites-vous dimanche?
— Mais rien patron, absolument rien, je suis libre...
— Alors tâchez donc d'être à l'heure lundi matin...

* * *

Les piétons écrasés ont augmenté dans des proportions telles que les médecins ont pris l'habitude en cas d'accidents d'automobile de marquer sur leurs formulaires: cause du décès: naturelle...

* * *

L'amour ôte l'esprit à ceux qui en ont et en donne à ceux qui n'en ont pas...

* * *

— Mais enfin madame vous n'avez pas fini de pousser?
— Je ne pousse pas monsieur, je respire...

On demande personne ne s'étonnant de rien pour représentation difficile.

*   *   *

On demande jeune fille présentée par ses parents pour scier du bois.

*   *   *

Boucherie chevaline recherche chevaux désespérés. Ne pas écrire, se présenter.

*   *   *

Apprenez à apprendre seul et sans maître les langues étrangères. Leçons par professeur diplômé.

*   *   *

Ne confiez vos secrets qu'à un spécialiste. Discrétion simple: 50 cents — discrétion garantie: 5 dollars...

*   *   *

Poète pauvre demande rimes riches.

*   *   *

Il faut toujours dire à une femme qu'elle est différente des autres... elle le croit et elle est si contente que vous pouvez ensuite vous conduire avec elle comme avec toutes les autres...

*   *   *

— Voyons Marie, pourriez-vous m'expliquer comment il se fait que je vous découvre encore une fois en train d'embrasser le commis de l'épicerie dans la cuisine?
— Ben, c'est parce que madame a des pantoufles.

*   *   *

On prétend qu'un homme n'a pas besoin d'être beau gosse pour plaire aux femmes, mais c'est un faux bruit que font courir les intellectuels.

*   *   *

— D'un mot, vous pouvez faire de moi le plus heureux ou le plus malheureux des hommes. Voulez-vous m'épouser?
— Non.
— Ah! merci!

* * *

Ce qu'un homme estime chez une femme qui lui a résisté long-temps, ce n'est pas sa vertu à elle mais sa ténacité à lui.

* * *

— Je me demande pourquoi Antoinette ne s'est jamais mariée! Elle a pourtant eu pas mal de partis.
— Oui, mais pas un n'est resté!

* * *

— Jeune homme, j'ai appris que vous aviez fait des avances à ma fille.
— C'est vrai monsieur, j'espérais que vous ne le sauriez pas, mais puisque vous l'avez appris, soyez assez aimable pour lui demander de me rembourser.

* * *

Le premier baiser qu'on obtient d'une femme est comme le premier cornichon qu'on parvient à extraire du bocal. Le reste vient tout seul.

* * *

— Monsieur, voici un an que vous faites la cour à ma fille, dites-moi si vos intentions sont honnêtes ou malhonnêtes...
— Pourquoi, je peux choisir..?

* * *

Beaucoup de femmes croient que faire des façons, c'est avoir des manières...

* * *

Sais-tu que Georgette est furieuse? Elle avait intenté un pro-cès à Paul pour rupture de promesse de mariage. Elle lui réclamait un million...

— Il refuse de payer?

— Pire, il accepte de l'épouser...

* * *

Une idiote est celle qui, sous prétexte que l'on accepte de coucher avec elle, s'imagine tout de suite qu'elle vous est sympathique...

* * *

Oh! s'écrie un chapeau d'homme en croisant un chapeau de femme. Comment pouvez-vous coiffez une tête aussi ridicule...!

* * *

La paresse, c'est de se lever à 6 heures du matin pour avoir plus de temps à ne rien faire.

* * *

Quand il se lave les pieds mon père garde toujours ses chaussettes. Il dit que, comme ça, ma mère n'a pas besoin de les laver.

* * *

— Alors, vous avez pris un bain?

— Pourquoi, il vous en manque un?

* * *

Contre la mauvaise haleine, un seul remède, le téléphone...

* * *

— Papa, je viens de gagner 50 cents...

— Comment as-tu fait?

— Eh bien, j'ai couru derrière l'autobus, couru, couru, couru, jusqu'à l'école. Et comme je n'ai pas payé, ça fait 50 cents de gagnés.

— Espèce de petit imbécile, tu aurais couru après un taxi, ça t'aurait fait un dollar et demi...

* * *

Nouveau proverbe: si votre heure n'a pas sonné, même le docteur ne peut vous tuer...

* * *

— A mon grand regret madame et chère cliente, il faut que je recommence votre opération...
— Mais pourquoi docteur?
— J'ai laissé le gant de caoutchouc à l'intérieur...
— Si ce n'est que cela docteur, je suis prête à vous offrir non pas un mais une paire de gants neufs...

* * *

L'homme le plus vieux du monde est âgé de 120 ans...
Considérez que c'est le triomphe de la nature sur la médecine...

* * *

— Je me demande quoi faire contre l'insomnie?
— C'est simple, bois une pinte de whisky, tous les soirs, avant de te mettre au lit.
— Est-ce que cela guérit l'insomnie?
— Non... mais tu auras plaisir à rester éveillé...

* * *

— Je voudrais une chemise, c'est pour mon mari...
— Quel modèle désirez-vous madame?
— Je ne sais pas...
— Peut-être une chemise comme celle que je porte...
— Oh non, je veux une chemise propre...

* * *

La fourrure, c'est une peau qui change de bête...

* * *

Savez-vous pourquoi il y a tant de femmes qui travaillent?
A cause de la médiocrité des programmes de télévision durant l'après-midi...

* * *

Le progrès c'est merveilleux... Dans le temps, je me privais de radio... Puis, j'ai pu me passer de télévision... Puis, j'ai pu me priver de la télévision en couleurs et qui sait de la télévision en relief!

* * *

Jeunes mariés, pour votre voyage de noces, choisissez le pôle nord, la nuit y dure cent quatre-vingts jours...

Deux fous se rencontrent dans la cabine d'un ascenseur:
— Que fais-tu? demande l'un...
— Ah! que veux-tu, répond l'autre, l'escalier est encore en dérangement...

* * *

D'un homme à l'autre:
— Tu vois, pendant 20 ans, ma femme et moi nous avons été pleinement heureux...
— Et alors!
— Et alors, nous nous sommes rencontrés...

* * *

Dans la vie de tous les jours, les raisons d'agir sont toujours moins convaincantes que les raisons de ne pas agir... De là vient que les raisonnables agissent peu... et que les imbéciles mènent le monde...

* * *

Athéisme: C'est la foi de ceux qui n'en ont pas...

* * *

Il faut prendre les gens en très petites doses...

* * *

J'aime ces peuples jaunes et noirs qui n'ont jamais eu l'indécence ni l'indiscrètion de nous envoyer des religieux nègres ou chinois pour nous convertir à leurs dieux...

* * *

Les optimistes assurent que nous vivons dans le meilleur des mondes possibles. Il n'y a que les pessimistes pour craindre que cela soit vrai.

* * *

Il est difficile de prévoir quoi que ce soit, mais surtout l'avenir.

Un monsieur se promène tirant une ficelle.

— Dites moi, monsieur l'agent, n'auriez-vous pas vu l'homme invisible?

— Non.

— C'est dommage! Enfin si vous le voyez, dites-lui que j'ai trouvé son chien...

*   *   *

L'amour est un je ne sais quoi, venu de je ne sais où et qui finit je ne sais comment.

*   *   *

— Maman, embrasse-moi sur la bouche...

— Mais ça ne se fait pas...

— Si ça se fait, je l'ai vu hier à la télé...

— Peut-être, mais c'était des fiancés anglais...
— Ah alors, il y a beaucoup de fiancés anglais dans le métro.

* * *

Mais un baiser à tout prendre, qu'est-ce?
Un serment fait d'un peu plus près, une promesse...
Plus précise, un aveu qui veut se confirmer,
Un point rose qu'on met sur l'i du verbe aimer.
C'est un secret qui prend la bouche pour oreille,
Un instant d'infini qui fait un bruit d'abeille...

* * *

D'un cannibale à un autre:
— Je ne sais vraiment plus quoi faire de ma femme?
— Veux-tu que je te prête mon livre de cuisine?

* * *

— Après 20 ans de mariage, tu me quittes, alors que tu
m'avais juré de m'aimer pour la vie.
— Ben oui, mais je ne pouvais pas prévoir que tu vivrais si
longtemps...

* * *

— Maître, je veux divorcer.
— Avez-vous un motif?
— Oui, je suis mariée...

* * *

J'ai 26 frères et soeurs. Si bien que quand je rentre chez moi
le soir, je n'ose jamais demander: Quoi de neuf?

* * *

C'est un fait certain, que les enfants trouvés proviennent souvent des filles perdues.

* * *

Tu sais maman, lorsque je serai grand, ça changera. Je serai riche et alors tu pourras mendier pour toi toute seule...

* * *

Chéri, va donc voir ce que font les enfants dans le jardin et dis-leur qu'ils ne doivent pas le faire...

* * *

— Je suis amoureuse de mon professeur.
— Est-ce qu'il le sait?
— Heureusement pas! j'ai déjà zéro en conduite...

* * *

— Pourquoi récites-tu le benedicite avant de prendre ton bain? Tu sais pourtant que c'est une prière que l'on dit avant les repas.
— Oui maman, mais quand je prends mon bain, j'avale toujours de l'eau...

* * *

— Je vous trouve bien petite pour vous occuper d'un bébé...
— C'est un avantage madame, si je lâche le bébé, il tombera de moins haut...

* * *

— Moi, je voudrais un mari stéréophonique.
— Pourquoi?
— Parce que la stéréophonie, c'est le nom compliqué pour la haute fidélité...

* * *

— Je détesterais être guillotinée...
— Je comprends ça...
— Bien oui, parce que je déteste me lever de bonne heure.

* * *

— Vous les filles, vous ne savez pas garder un secret!

— Si, seulement c'est très difficile, nous nous y mettons à plusieurs.

* * *

— Mademoiselle, voulez-vous me donner votre numéro de téléphone?

— Il est dans l'annuaire.

— Et votre nom?

— Il est également dans l'annuaire.

* * *

— Monsieur le directeur ce matin un client est venu vous voir. Il voulait vous casser la figure.

— Ah... et que lui avez-vous dit?

— Que je regrettais beaucoup, mais que vous n'étiez pas là.

* * *

— La première fois que j'apprends que tu flirtes avec un garçon, je t'arrache les yeux...

— Oh chéri, comme tu es dur... et la seconde fois?

* * *

— Maman, qu'est-ce qu'un gentleman?

— C'est un jeune homme avec qui tu n'es pas encore allée au cinéma...

* * *

— Qu'est devenue votre fille qui faisait du théâtre? Elle avait de l'étoffe cette petite...

— Hélas, elle n'est devenue qu'une doublure...

— Je viens pour accorder votre piano.

— Mais je ne vous ai pas demandé.

— Je sais bien. Ce sont les voisins qui m'envoient.

— Madame, votre mari a-t-il l'habitude de parler seul?
— Je ne sais pas docteur, je n'ai jamais été avec lui, quand il était seul...

* * *

— Ah! je constate que vous toussez beaucoup plus facilement qu'hier.
— Je pense bien docteur, je me suis entraîné toute la nuit...

* * *

Dans la marine, un bigame est un homme qui a deux femmes, dans le même port.

* * *

— Pardon monsieur, vous n'êtes pas monsieur Bédard par hasard?
— Non monsieur, je ne suis pas monsieur Bédard... et si je l'étais ce ne serait pas par hasard: ma mère était une femme honnête.

* * *

— Pourquoi ne vous êtes-vous pas arrêté tout de suite, quand j'ai crié?
— Mais monsieur l'agent, je ne savais pas que c'était vous, je croyais que c'était quelqu'un que j'avais renversé.

* * *

Monsieur le commissaire de police, un sourd-muet veut vous voir, il paraît qu'on essaie de le faire chanter.

* * *

— Monsieur l'architecte, l'échafaudage s'est effondré...
— L'entrepreneur est-il au courant?
— Sûrement, il est en dessous.

* * *

Autrefois un homme qui mettait beaucoup d'argent de côté était considéré comme un avare. Maintenant il est considéré comme un phénomène.

* * *

Il paraît que tu t'es présenté aux dernières élections...
— Oui, mais j'ai été battu... Que veux-tu, c'était la lutte du pot de terre contre le pot de vin.

* * *

— Accusé Lagacé comme c'est indiqué dans votre dossier, je vois que c'est la sixième fois que vous passez en justice... Avez-vous quelque chose à dire pour votre défense?
— Oui monsieur le juge... je voudrais vous demander de ne pas retourner en prison... On m'y a déjà envoyé cinq fois et ça n'a eu aucun effet.

* * *

Quand une femme entre quelque part les femmes regardent ce qu'elle porte. Les hommes eux regardent comment elle le porte... et aussi sur quoi elle le porte.

* * *

Ecoute Jos pour l'achat de la maison.., ta parole me suffit, à condition que tu me la donnes par écrit...

* * *

— Tu veux m'emprunter de l'argent à moi? alors que je sais pertinemment que tu me détestes? Il faut vraiment que tu aies abdiqué toute fierté!
— Mon cher, il faut parfois tendre la main à des gens à qui on ne la serrerait pas.

* * *

— Au secours! Au secours monsieur là-bas! je me noie...
— Désolé, mais j'ai déjà une médaille de sauvetage!

* * *

L'homme ne compte pas. La preuve c'est qu'à sa naissance, on demande: comment va sa mère? Quand il se marie: Est-ce que sa femme est jolie? Et quand il meurt: que laisse-t-il à sa veuve?

* * *

Il n'y a rien de plus sot qu'un savant si vous l'interrogez sur quelque chose qu'il ne sait pas.

* * *

Que deviendraient tous ces gens qui n'ont pas de talent s'ils n'existaient pas tous ces gens qui n'ont pas de goût...

* * *

Définition de galanterie: Coutume qu'avaient les hommes de céder leur place aux femmes dans le métro ou l'autobus, quand il n'existait ni autobus ni métro.

* * *

Pourquoi une femme de trente-cinq ans paraît-elle plus âgée qu'un homme de trente-cinq ans? Parce qu'elle l'est.

* * *

Le sac à main des femmes est une véritable boîte à outils, comme en trimbalent les plombiers. Et, toute la journée, dès qu'elles ont un moment, elles réparent.

* * *

Un chamois raconte à un autre chamois:
J'ai fait un épouvantable cauchemar! J'ai rêvé que j'essuyais des lunettes.

Mon vieil ami Roger est tellement imbibé d'alcool que l'autre jour, il a soufflé sur son gâteau d'anniversaire... pour allumer les bougies.

*　*　*

Il était une fois un agent de police tellement bête que les autres avaient fini par s'en apercevoir...

*　*　*

— Mon cher Armand, j'ai une affaire sensationnelle pour toi. Un lot de 100 pantalons pour presque rien. $2 la paire. Tu veux voir?

— Oui... mais mon ami tu es fou ou quoi? Tes pantalons n'ont qu'une jambe... personne ne pourra les mettre...

— Ecoute, ne te mets pas en colère... ce ne sont pas des pantalons pour mettre... ce sont des pantalons pour vendre...

*　*　*

— Arthur, avant de mourir, il faut que tu saches... le coffre qui avait été cambriolé chez toi, c'était moi... la faillite de l'année dernière, c'était encore à cause de moi... et même l'amant de ta femme, c'était toujours moi...

— Ne t'en fais pas... tu peux mourir tranquille... l'arsenic dans les nouilles, c'était moi...

Ça se passe en l'an 2,000. Deux gentlemen noirs sont en train de se faire cirer les chaussures par un vieux cireur blanc et tout en lustrant le cuir, celui-ci chantonne entre ses dents: "Ah le petit vin blanc... qu'on boit sous les tonnelles..."
Alors l'un des noirs se tourne vers l'autre et lui dit:

— Tu as entendu? Ces gars-là, c'est fou ce qu'ils ont le sens du rythme...

* * *

Mon amour, je t'en supplie, dis-moi que je suis vraiment le premier dans ta vie...

— Mais bien sûr chéri, je me demande ce qu'ils ont, les hommes, à poser toujours la même question!

* * *

— Chéri, dis-moi ce que tu préfères. Une femme jolie ou une femme intelligente?

— Ni l'une ni l'autre chérie, tu sais bien que je n'aime que toi...

* * *

— Je n'ai pas de temps à perdre! c'est oui ou c'est non!

— Ben, vous voulez qu'on aille chez vous ou chez moi?

— Oh si vous commencez à discuter, n'en parlons plus.

* * *

— Qu'est-ce qui t'arrive, tu as perdu la voix?

— Oui, imagines-toi que je suis tombé amoureux d'une girafe et elle ne veut rien entendre...

* * *

— Cher ami, je suis profondément navré d'apprendre que vous avez dû enterrer votre épouse...

— Que voulez-vous, j'étais obligé: elle était morte.

* * *

Le père de famille s'aperçoit que son veau gras a fait une fugue. Il est très malheureux parce que c'était sa plus belle bête et qu'il y tenait beaucoup.

Toute une saison se passe et un beau soir, voilà que le veau gras revient. Alors le père est tellement content qu'il fait tuer le fils prodigue.

* * *

— C'est vous le parrain?
— Oui monsieur l'abbé...
— Et comment s'appelle ce petit baptisé?
— Il s'appelle Jean Adolphe Robert Evariste Pommier de Chartier de la Mirandole...
— Bon, dans ce cas allez me chercher de l'eau à la sacristie, je n'en aurai pas assez...

* * *

— Je viens pour passer mon permis de conduire...
— Eh bien, mademoiselle à quoi sert la ligne blanche?
— Euh... ça doit être pour les cyclistes...

* * *

— Madame est dans son bain... si vous voulez bien attendre qu'elle en soit sortie...
— Oui, volontiers... d'autant plus que dans l'eau on voit tout flou...

* * *

— S'il vous plaît monsieur. Rimsky-Korsakov, ça s'écrit comment?
— Avec un trait d'union, bien sûr.

* * *

Le véritable optimiste, c'est l'homme marié qui se demande comment il va dépenser son augmentation.

* * *

On le répète un peu partout: l'argent n'est pas tout.
En fait, au train où vont les choses, ce ne sera bientôt plus rien du tout.

* * *

— Monsieur le policier, j'ai perdu mon portefeuille.
— Bon, on va tâcher de vous le retrouver.
— Mais c'est fait... mon associé l'a retrouvé...
— Alors, que voulez-vous au juste?
— Que vous retrouviez mon associé.

* * *

De tous les inconvénients de la vie moderne, le téléphone est certainement le plus pratique.

* * *

La secrétaire vraiment parfaite, c'est celle qui répond aimablement à la personne qu'elle a au bout du fil: "Je suis désolée, vous avez fait un faux numéro... puis-je quand même prendre un message?"

* * *

Le drame de notre époque, c'est qu'on en arrive au point où il faut montrer plus d'intelligence et d'habileté pour déclarer ses revenus qu'on n'en a mis à les gagner.

* * *

— Sont-ils fraîchement pondus vos oeufs?
— Albert, veux-tu tâter les oeufs pour voir s'ils ont suffisamment refroidi — que madame ne risque pas de se brûler en les emportant.

* * *

On demande mécanicien. Apparence honnête indispensable.

* * *

— La compagnie pour laquelle je travaille va lancer une nouveauté sensationnelle: la chemise d'homme sans bouton.
— Tu parles d'une nouveauté! des chemises comme cela, j'en porte depuis 20 ans que je suis marié.

* * *

— Est-ce vrai que, en général, les gens maigres ont de l'esprit?

— Oui, mon gros!

J'espère que vous apprécierez l'honneur que je vous fais en vous recevant, monsieur. Aujourd'hui, j'ai refusé ma porte à 8 autres colporteurs...
— Je sais, c'est la 9e fois de la journée que je me présente.

* * *

Il est deux façons de considérer les Américains. On peut dire d'eux avec mépris: "Ils sont stupides. Ils possèdent tout le confort moderne, acheté à crédit, mais ils n'ont jamais un sou vaillant." Ou avec admiration: "Ils sont merveilleux. Ils n'ont jamais un sou vaillant et pourtant ils arrivent à avoir tout le confort moderne."

* * *

Pourquoi les individus qui ont une heure à perdre veulent-ils toujours la passer en compagnie de gens qui n'ont pas une minute à eux.

* * *

Dès le premier jour de votre présence dans un nouvel emploi, montrez-vous insupportable avec tout le monde. Ainsi, quand vous serez devenu le Président directeur général, nul ne pourra dire que le succès vous a monté à la tête.

* * *

L'un des drames de notre époque, c'est que trop d'adultes croient encore au Père Noël, alors que tant d'enfants n'y croient plus.

* * *

Souvent vous avez rêvé d'infliger la correction qu'il mérite au responsable de la plupart de vos ennuis. N'en faites surtout rien. Vous ne pourriez plus vous asseoir pendant un mois.

* * *

Quand vous avez la certitude de discuter avec un imbécile, assurez-vous bien qu'il n'éprouve pas le même sentiment.

* * *

La violente campagne de presse contre le tabac commence à produire son effet: déjà beaucoup d'hommes d'affaires ont cessé de lire les journaux.

* * *

L'homme qui affirme: je suis le maître chez moi, a certainement une femme qui sort beaucoup.

* * *

Un paresseux est un homme qui ne fait pas semblant de travailler.

* * *

Les gens qui ne rient jamais ne sont pas des gens sérieux.

* * *

Dans tous les pays du monde, les femmes rient moins que les hommes et pleurent plus. Il en résulte que, quand il est question de rire, les hommes recherchent la compagnie des autres hommes, et les femmes quand il est seulement question de pleurer, cherchent la compagnie des autres femmes. On a cependant remarqué qu'à d'autres occasions les hommes et les femmes se recherchaient mutuellement.

* * *

Savez-vous ce que c'est qu'un gars malchanceux?
C'est un gars qui tombe sur le dos et qui se casse le nez...

* * *

— Docteur, mon mari parle pendant son sommeil...
— Donnez-lui un calmant.
— Non, ce que je désire, c'est quelque chose qui me maintienne éveillée afin que je puisse entendre ce qu'il dit.

* * *

Un homme qui a l'impression d'être plus intelligent qu'une femme a beaucoup de chance... C'est qu'il est marié à une femme réellement intelligente.

* * *

Mesdames, pour que votre mari soit pleinement heureux, traitez-le comme un chien. Trois repas par jour, beaucoup d'affection, une laisse pas trop courte et surtout ne le dérangez jamais quand il mange.

* * *

— Monsieur, je viens pour l'emploi.
— Bon... ce que je cherche c'est quelqu'un qui ait l'habitude de prendre des responsabilités...
— Je suis l'homme qu'il vous faut. Dans ma précédente place, à chaque fois que quelque chose allait mal, on me mettait ça sur le dos.

* * *

— Monsieur le directeur, voilà 6 ans que je travaille ici et jamais je ne vous ai demandé la moindre augmentation.
— Vous posez mal le problème mon ami. En réalité, considérez bien que si vous avez passé six ans dans cette maison, c'est parce que vous n'avez jamais demandé d'augmentation.

* * *

Les réactions des gens à l'égard de l'argent sont assez illogiques.
Un homme essaie-t-il d'en gagner beaucoup, c'est un arriviste.
S'il en met de côté, c'est un avare.
S'il le dépense, c'est un panier percé.
S'il s'en moque éperdument, c'est qu'il manque d'ambition.
S'il en gagne sans effort, il ne peut être que malhonnête.
Et s'il ne se trouve un peu à l'aise qu'après 45 ans d'un labeur acharné, c'est un imbécile qui n'a jamais su profiter de la vie.

* * *

Moi, je ne me casse jamais la tête pour mes vacances.
Mon patron en fixe la date et ma femme choisit l'endroit.

* * *

— J'ai dit à ma femme que je ne pouvais pas plus longtemps travailler sans secrétaire. Elle a décidé de l'engager elle-même.

— Alors, c'est une brune ou une blonde?

— Un chauve...

* * *

Mademoiselle, j'aimerais beaucoup vous féliciter pour votre excellent travail... quand allez-vous enfin vous décider à m'en donner l'occasion?

* * *

— Mademoiselle, retapez-moi cette lettre... vous avez écrit:
"Cher ami" à cet escroc, ce bandit, ce gangster...
— Bien monsieur, que dois-je mettre comme en-tête alors?
— Euh... mettez "Cher confrère" ce sera parfait...

* * *

— Un jeune point d'interrogation veut demander quelque chose à son père.
— Non, attends d'être grand pour poser des questions...

* * *

Un clou s'inquiète: Il y a des moments où je me sens devenir marteau...

* * *

— Tu es un garçon ou une fille?
— Bien je sais pas...
— Tu es une petite fille...
— Ah comment tu le sais?
— Tu as des chaussettes roses...

* * *

Si l'on ne voulait être qu'heureux cela serait bientôt fait. Mais on veut être plus heureux que les autres et cela est presque toujours difficile, parce que nous croyons les autres plus heureux qu'ils ne sont...

* * *

— Monsieur l'agent, ma femme a disparu, ma femme a disparu depuis hier. Elle mesure 4 pieds 1 pouce, elle a une jambe de bois et il lui manque 4 dents sur le devant...
— Eh bien monsieur, vous en avez de la chance, justement on ne vient pas de la retrouver...

* * *

— Docteur mon fils il a une grosse tête pleine d'eau
— Ce n'est pas grave madame mais comme il fait très froid

donnez-lui quand même de l'antigel...

* * *

— Mon vieux, c'est fou ce que tu peux ressembler à ma femme!
— Sans blague!
— Parfaitement, à part la moustache, bien entendu...
— Mais je n'ai pas de moustache...
— Ah, mais elle, oui...

* * *

— Chérie, je t'en supplie, arrête, arrête de jouer du cor de chasse ou alors je vais devenir fou!
— Mais chéri, ça fait une heure que j'ai arrêté...

* * *

— Vous ne savez pas ce qui est arrivé à mon canari? C'est horrible il a avalé toute l'essence de mon briquet...
— Et alors...
— Et alors, il s'est mis à voler en rond dans sa cage comme une mécanique pendant une heure et puis à la fin il est tombé comme une pierre...
— Un arrêt du coeur?
— Non, il n'avait plus d'essence...

* * *

Jacques, ne t'approche pas de l'ours polaire... tu sais bien que tu attrapes des rhumes tout le temps.

* * *

— Hector, qu'avez-vous fabriqué cette nuit? il y a du désordre dans la maison et je ne trouve plus le serin...
— Mais je n'ai rien fait mon amie, rien du tout... j'avais seulement un peu soif et je me suis pressé un citron.

* * *

Un écrou est amoureux d'une paire de pinces et il lui dit passionnément, serre-moi plus fort, chérie.

— Monsieur le pharmacien, je voudrais un peu d'arsenic...

— C'est pour quoi faire?

— C'est pour ma femme...

— Ah bon, et vous avez une ordonnance?

— Non, mais je peux vous montrer sa photo...

* * *

— Docteur, il faut que vous fassiez quelque chose pour moi. Vous savez que j'ai une écurie de courses. Imaginez-vous que je suis tombé amoureux d'un de mes chevaux. Je vous jure qu'il a des oreilles, et puis des naseaux et puis un regard qui me donnent le grand frisson.

— Tiens, tiens, c'est étrange ça. C'est un cheval ou une jument?

— Mais pour qui me prenez-vous docteur? C'est une jument naturellement, je ne suis pas anormal.

* * *

Non garçon, remportez-moi cette langue de veau. Je n'aime pas ce qui sort de la bouche... c'est sale... Tenez, donnez-moi plutôt un oeuf...

* * *

Il y a des gens qui parlent, qui parlent... jusqu'à ce qu'ils trouvent quelque chose à dire...

* * *

Quand un homme est plein de lui-même, il fait un joli petit paquet.

* * *

Il n'y a pas d'amour plus sincère que l'amour de la nourriture.

* * *

Partir, c'est mourir un peu... mais mourir, c'est partir beaucoup...

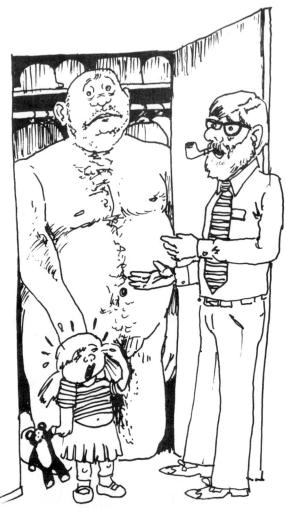

— Papa, il y a un gros ogre dans la chambre de maman!

— Comment? Qu'est-ce que tu dis? Mais tu sais bien que les ogres n'existent pas!

— Si papa, il y a un ogre dans l'armoire de maman. Même qu'il y est entré au moment où tu arrivais!

— Attend mon petit, papa va voir ça...

— Quoi! c'est toi Albert, tu n'as pas honte! Comment as-tu pu me faire une chose pareille? C'est comme cela que tu me récompenses de 20 ans d'amitié et de dévouement, en te cachant tout nu dans cette armoire pour faire peur au petit?

* * *

— Faites-moi l'aumône d'un baiser...
— Excusez-moi, mais j'ai mes pauvres!

* * *

— Hé mon ami, nous nous faisons vieux...
— Que voulez-vous mon ami, il faut nous résigner... vieillir est le seul moyen de vivre longtemps...

* * *

L'homme a des amis... la femme n'a que des complices...

* * *

Le mariage est une expérience chimique dans laquelle deux corps inoffensifs peuvent, en se combinant produire un poison.

* * *

Je me demande pourquoi les compagnies de chemin de fer ne préviennent pas les personnes qui circulent dans le couloir d'un wagon qu'elles n'arriveront pas plus vite à destination.

* * *

A entendre certaines gens, quand on a du bonheur, il semblerait toujours qu'on le prend à quelqu'un.

* * *

A quoi bon tant de science pour une cervelle de femme?
Que vous jetiez l'océan ou un verre d'eau sur le trou d'une aiguille, il n'y passera toujours qu'une goutte...

* * *

— Vous sortez chéri? A quelle heure comptez-vous rentrer?
— Quand il me plaira...
— Sans doute, mais pas plus tard n'est-ce pas!

* * *

Quand une femme a donné la clé de son coeur, il est bien rare qu'elle ne fasse pas changer la serrure.

* * *

— Que devient ton ami Roger? On dit qu'il a beaucoup vieilli...
— Je crois bien, je l'ai rencontré l'autre jour. Il a tellement changé qu'il ne m'a pas reconnu.

* * *

Il y a deux sortes de femmes: celles qui trompent leur mari et celles qui disent que ce n'est pas vrai.

* * *

— Allô mademoiselle la téléphoniste... dites à madame que je rentrerai coucher ce soir...
— Oui monsieur, c'est de la part de qui?

* * *

L'appétit vient en ne mangeant pas...

* * *

— Madame, vous rajeunissez tous les jours...
— Oh monsieur, ne vous moquez pas de moi...
— Allons voyons, ne vous fâchez pas: mettons tous les deux jours...

* * *

Les réalistes sont des gens qui veulent nous faire croire que les plats sont faits pour y mettre les pieds.

* * *

Et à quoi distinguez-vous une femme ordonnée d'une autre qui ne l'est pas?
C'est fort simple: une femme qui a de l'ordre ne perd jamais qu'un gant à la fois...

* * *

Il faut qu'une femme choisisse: avec un homme aimé des femmes, elle n'est pas tranquille; avec un homme que les femmes n'aiment pas, elle n'est pas heureuse...

* * *

La femme idéale est celle qui tout en nous restant fidèle nous entoure d'autant de soins et de gentillesse que si elle avait un amant.

* * *

Qu'est-ce qu'un soupçon? Un sentiment qui nous pousse à chercher ce que nous ne voudrions pas savoir.

* * *

— Je vous jure monsieur le juge que je suis innocente...
— Pourtant madame, tout témoigne contre vous: le rapport à votre sujet précise: jeune, jolie, blonde, intelligente, des traits charmants...
— Eh bien oui, monsieur le juge, j'avoue.. c'est moi!

* * *

Vous avez de la chance mon ami, au lieu de vous pendre demain matin, on vous pendra cet après-midi. Ainsi, vous n'aurez pas à vous réveiller de bonne heure...

* * *

— Et ça ne vous ennuie pas de savoir que vous êtes maintenant grand-père?
— Ma foi non, ce qui me chagrine un peu et me vieillit, c'est de savoir que je suis marié maintenant avec une grand-mère.

* * *

— Tu t'amuses toi?
— Moi, pas du tout.
— Alors, pourquoi applaudis-tu?
— Ça me réveille.

* * *

Rêver, c'est dormir avec des illustrations dans le texte.

— Cette femme, elle aime son mari?

— A la folie, vraiment à la folie.

— Ah tant que ça?

— Oui tant que ça... pensez donc, elle l'aime tant que pour ne pas l'user, elle prend ceux de ses amies!

*   *   *

Il y a beaucoup de bonheurs qu'on dédaigne parce qu'ils ne coûtent rien.

*   *   *

— Monsieur, votre femme est morte...

— Quel est le médecin qui la soignait?

— Aucun, elle est morte d'elle-même.

*   *   *

Elle a juste assez d'esprit pour ne pas dire toutes les bêtises qu'elle pense.

*   *   *

— Il y a deux ans que je n'ai pas parlé à ma femme...

— Pourquoi?

— Pour ne pas l'interrompre...

*   *   *

— Ma chérie, dans notre nouvel appartement, nous aurons une chambre à deux lits...

— Deux lits? Mais alors, dans lequel coucherons-nous?

*   *   *

Quand je n'ai pas de miroir, je m'ennuie de moi...

*   *   *

— Pourquoi ne me dis-tu jamais que tu m'aimes?

— Parce que je t'aime...

*   *   *

Ecrire des vers à 20 ans, c'est avoir 20 ans. En écrire à 40, c'est être poète.

* * *

Les femmes sont comme les chats: Eux aussi ont quelque chose de félin.

* * *

Le chien n'a pas de dignité. Vous battez un chien, il vous sauve quand même la vie.

* * *

Les Bonzes n'ont pas de mérite... ils ont des pouvoirs psychiques qui leur permettent de ne pas sentir les brûlures.

* * *

Saviez-vous que c'est grâce à l'humour que l'homme supporte avec le sourire le malheur des autres.

* * *

Une grande compagnie, spécialiste de conserves vient de lancer sur le marché des boîtes d'air vicié pour campagnards ayant la nostalgie de la grande ville.

* * *

Lorsque vous allez dans le monde, ne risquez plus d'être ridicule...
Vous savez comme l'on sent la bête quand on avale son dentier...
Ayez toujours sur vous un dentier de secours.

* * *

Le malheur, quand on est riche, c'est qu'il faut vivre avec des gens riches.

* * *

La France et le Canada sont deux pays séparés par le même langage... enfin... presque...

* * *

S'il fallait tolérer aux autres tout ce qu'on se permet à soi-même, la vie ne serait plus tenable.

* * *

— Monsieur le pharmacien... vous avez de l'acide acétylsalicylique?

— De l'acide acétylsalicylique? Ah! vous voulez dire de l'aspirine?

— Oui c'est ça... Je ne me rappelle jamais du nom...

* * *

Oncle Pierre: Alors mes enfants, j'espère que vous avez bien compris ma démonstration. Je résume donc. Chez les poissons, la femelle pond ses oeufs dans l'eau... le mâle arrive ensuite et il les féconde. Il n'y a donc aucun contact sexuel dans cette espèce animale...

— Mais alors oncle Pierre, pourquoi dit-on toujours: heureux comme un poisson dans l'eau?

* * *

— Madame vous êtes enceinte de trois mois.

— Mais enfin, docteur, c'est impossible, mon mari est en prison depuis un an.

— Ça n'empêche pas...

— Ecoutez docteur, faites quelque chose pour moi...

— Ce n'est pas de mon ressort madame...

— Comment docteur, vous n'avez même pas pitié d'un homme qui est en prison?

* * *

— Mais enfin, mademoiselle, vous ne songez toujours pas à vous marier?

— Euh... non docteur...

— Pourtant mademoiselle avec 9 enfants... ces petits ont le même père à ce qu'il me semble?

— Oui docteur...

— Alors, pourquoi cet homme ne vous épouse-t-il pas?

— Bien, il n'aime pas les enfants...

* * *

— Tu viens chéri?

Combien tu me donnes?

— Dans les 60 ans...

* * *

— Docteur, c'est affreux, depuis quelques jours mon mari se prend pour un cheval de course... il ne mange plus que de l'avoine et il couche dans la paille...

— Mon Dieu madame, mais cela peut-être très grave... Emmenez-le moi tout de suite...

— D'accord docteur, juste le temps de le seller et nous arrivons...

* * *

— Tu viens chez moi ce soir? Je donne une grande partouze!

— Ah oui! et vous serez nombreux?

— Bien, si tu viens avec ta femme, on sera trois...

* * *

— Je voudrais une douzaine d'huîtres, mais faites attention. Je les veux grosses, mais pas trop. Je les veux vertes, mais pas verdâtres. Je les veux vivantes, mais endormies tout de même. Et puis faites vite, parce que j'ai faim!

— D'accord monsieur, je vous les sers avec ou sans perle?

* * *

— Garçon, donnez-moi deux sandwiches à la saucisse, mais un sans moutarde.

— Certainement monsieur, lequel?

Le génie peut avoir des limites, mais la stupidité est sans borne.

* * *

Définition: consulter: demander à quelqu'un d'être de notre avis.

* * *

— C'est une honte. J'ai trouvé un cheveu dans le potage...
— Que monsieur m'excuse, je croyais les avoir tous enlevés.

Pessimiste: Femme qui pense qu'elle ne pourra pas garer sa voiture entre deux autres dans un espace visiblement trop étroit.
Optimiste: L'homme qui pense qu'elle n'essayera pas.

Sur vingt personnes qui parlent de nous, dix-neuf en disent du mal, et la 20e qui en dit du bien, le dit mal.

Le vrai snob est celui qui craint d'avouer qu'il s'ennuie quand il s'ennuie et qu'il s'amuse quand il s'amuse.

Le martyre est la seule façon pour un homme de devenir célèbre sans talent.

Et votre steak saignant, vous le voulez cuit ou carbonisé?

— Vous avez du poisson un peu pourri?
— Oui monsieur...
— Servez-m'en avec des pommes de terre à l'eau
— Mais oui monsieur...
— Donnez-moi aussi du pain de la semaine dernière...
— Entendu monsieur...
— Et puis, si ça ne vous fait rien, quand vous m'aurez servi, asseyez-vous devant moi une minute et faites-moi la gueule... comme ça, j'aurai tout à fait l'impression de manger à la maison...

Il paraît qu'une femme passe par sept âges différents: bébé, gamine, adolescente, jeune femme, jeune femme, jeune femme, jeune femme.

* * *

— Chéri, tu ne m'aimes plus comme avant... il y a vingt ans en sortant de table, tu me caressais le menton...
— Oui, mais à l'époque tu n'en n'avait qu'un.

* * *

Qu'est-ce qu'un technocrate? Quelqu'un qui sait de plus en plus de choses sur un sujet de moins en moins général.
Le technocrate parfait est celui qui sait tout sur rien.

* * *

C'est un savant biologiste qui fait des expériences passionnantes.
Il croise des animaux qui ne sont pas de la même race.
C'est ainsi qu'il a croisé un mille-pattes avec un porc-épic.
Il est né de cette union six verges de fil de fer barbelé...

* * *

— Le sermon était bien ce matin?
— Oui. Le curé a parlé du péché.
— Eh qu'est-ce qu'il a dit?
— Oh... il est plutôt contre.

* * *

Mes bien chers frères... c'est bien cruel de vous le dire... mais vous êtes tous des mécréants...
Vous ne m'aimez pas puisque vous ne donnez rien à la quête.
Vous ne vous aimez pas, puisqu'on ne célèbre jamais de mariages dans cette paroisse... et Dieu lui-même ne veut pas de vous, puisqu'ici personne ne meurt...

* * *

Un brave curé très ennuyeux, rêve qu'il est en train de prêcher et quand il se réveille eh bien, il est en train de prêcher...

* * *

Quand un homme désire tuer un tigre, c'est du sport
Quand un tigre veut le tuer, c'est de la férocité.

*   *   *

J'ai toujours le dessus quand je discute seul.

*   *   *

Les saints sculptés ont beaucoup plus d'influence dans le monde que les saints vivants.

*   *   *

— Comment, tu as acheté une cadillac, il y a seulement quinze jours et tu veux déjà la vendre?
— Que veux-tu, le cendrier est plein.

*   *   *

Ah! mes frères, votre peu de foi m'épouvante. Nous nous rassemblons dans ce lieu saint pour prier afin qu'il pleuve, et aucun d'entre vous ne s'est muni d'un parapluie.

*   *   *

— Nous voudrions nous marier...
— Mais vous êtes devenus fous, vous n'y pensez pas, un éléphant avec une souris...
— Mais nous nous aimons beaucoup...
— Mais enfin, je ne peux pas célébrer un mariage contre nature...
— Souris: C'est que voyez-vous, c'est trop tard, maintenant nous sommes obligés...

*   *   *

— Combien ce vase monsieur l'antiquaire?

— $500 , mademoiselle.

— $500... c'est de la folie, qu'est-ce qu'il a de spécial?

— C'est que voyez-vous, il a trois mille ans...

— 3 000 ans, vous voulez rire, on n'est qu'en 1978...

* * *

— Qu'est-ce que c'est qu'un lapide?

— Tout simplement un tlain qui va tlès tlès vite...

* * *

— Eh bien mademoiselle, ne pleurez pas comme ça... c'est fini maintenant. Votre agresseur a été condamné... c'est bien vous qui avez subi les derniers outrages?

— Oui, monsieur le juge, les derniers outrages, comme vous dites, les derniers... c'est justement pour ça que je pleure.

* * *

Ecoute ma fille, tâche de garder de bonnes manières, elles reviendront à la mode un jour ou l'autre.

* * *

Chéri, je suis désolée, nous sommes obligés d'aller au restaurant! Je ne trouve plus l'ouvre-boîte...

* * *

— Maman, François a voulu faire une farce au professeur et je l'en ai empêché.

— C'est très bien mon petit, qu'est-ce que François a voulu faire?

— Eh bien il avait mis une punaise sur la chaise de l'instituteur.

— Et qu'as-tu fait?

— Au moment où l'instituteur allait s'asseoir, j'ai retiré la chaise...

* * *

— Madame, voulez-vous m'ouvrir la porte s'il vous plaît?

— Eh bien voilà c'est fait, mais demain je ne serai pas là pour te l'ouvrir...

— Oh demain ça ne fait rien, la peinture sera sèche...

* * *

Dis papa, quel âge il avait le petit Larousse quand il a écrit son livre?

* * *

J'ai rencontré un producteur très gentil. Il m'a acheté un hôtel particulier avec une pièce exprès pour que je puisse bouder... même que ça s'appelle un boudoir...

* * *

— Je n'ai jamais vu un tunnel aussi long...
— C'est normal, on est dans le dernier wagon...

* * *

Ah ma chère tu manques de culture... Je suis sûre que tu ne connais même pas le prénom de Napoléon...

* * *

Je n'ai absolument pas de chance... à chaque fois que j'ai rencontré une femme qui me plaisait, ou bien elle était mariée ou bien j'étais marié...

* * *

— Allo?
— Allo oui...
— C'est bien 333-4499.
— Non, c'est pas 449.
— C'est pas 449.
— Puisque je vous dis que non, et puis d'ailleurs, j'ai pas le téléphone...

* * *

— Allo...
— Allo c'est monsieur Martin?
— Non, ce n'est pas monsieur Martin!
— Oh je suis navré monsieur, alors c'est une erreur... excusez-moi de vous avoir dérangé en pleine nuit...

— Vous ne m'avez pas dérangé, vous m'avez appelé juste au moment où le téléphone sonnait...

*　*　*

— Si je laisse cent millions à l'Eglise, est-ce que je suis sûr d'être accepté au paradis?
— Mon Dieu, je ne voudrais pas vous donner d'assurance non fondée, mais c'est certainement une chose qui vaut la peine d'être essayée.

*　*　*

— Tu sais pourquoi une femme met plus de temps qu'un homme à s'habiller?
— Non?
— C'est parce qu'elle doit ralentir dans les courbes...

*　*　*

Les femmes ne sont jamais contentes: les infidèles ont des remords et les fidèles des regrets...

*　*　*

Les pauvres ne sont jamais contents, on a beau ne rien leur donner, ils demandent toujours.

*　*　*

Le poisson est un animal dont la croissance est extrêmement rapide entre le moment où il est pris et le moment où le pêcheur raconte la capture à ses amis.

*　*　*

Si une femme fait attendre volontairement un homme avec lequel elle a rendez-vous, c'est pour le plaisir de pouvoir se dire que, pendant ce temps, il n'est pas auprès d'une autre.

*　*　*

— Tu connais les chutes Niagara?
— Oui, très bien.
— Eh bien, c'est mon père qui les a faites...

— Et toi, tu connais la mer Morte?

— Eh bien, c'est mon père qui l'a tuée.

* * *

Saviez-vous que Charles de Gaulle, général français (1880-1970), ne peut s'endormir que s'il suce son pouce?

* * *

— Ah! ce qu'il est fatigant   ce Gilbert avec cette manie qu'il a prise de raconter 30 fois de suite ses conquêtes, ça nous intéresse pas...

— Il faut l'excuser, raconter leurs campagnes, c'est la manie de tous les invalides.

Saviez-vous qu'au moyen-âge, on accrochait des clochettes aux lépreux afin que les petits enfants entendent arriver de loin et accourent leur jeter des pierres.

* * *

Deux amis parlent des qualités respectives des blondes, des brunes et des rousses...
— Et savez-vous quelles sont les plus fidèles...
— Les grises, évidemment.

* * *

Tu sais la petite mini-jupe en cuir que nous avions vue, je suis allée l'acheter... ce n'est pas une mini-jupe, c'est une ceinture...

* * *

— Docteur, montrez-moi mon enfant, je voudrais juste embrasser ses petites mains...
— Hélas madame, c'est impossible...
— Ses petits pieds...
— Hélas madame, c'est impossible, n'insistez pas.
— C'est mon enfant, j'ai le droit de le voir enfin!
— Eh bien madame, il faudra être très courageuse... je vais le chercher... c'est une énorme oreille...

* * *

Allons ma bonne dame, vous avez perdu votre mari, mais Dieu vous le rendra au centuple.

* * *

J'ai eu une idée formidable... j'ai rasé mon vison... maintenant on dirait du daim!

* * *

Un monsieur était tellement laid, mais tellement laid, que lorsqu'il allait au jardin zoologique, il avait besoin d'un billet pour entrer et d'un autre billet pour sortir.

* * *

Un gentleman, c'est quelqu'un qui écoute l'histoire que vous racontez comme s'il l'entendait pour la première fois.

* * *

Une conférence est une assemblée de gens importants qui ne peuvent séparément rien faire mais décident ensemble que rien ne peut être fait.

* * *

Pour attirer le lapin, c'est pas difficile: tu te caches dans un buisson et tu imites le cri de la carotte...

* * *

— Monsieur l'agent de police aidez-moi, ça s'est passé il y a un mois... j'avais préparé du poulet. Mon mari est descendu chercher une boîte de petits pois à l'épicerie. Et il n'est jamais revenu! Qu'est-ce qu'il faut faire?
— Ben, faites des patates frites...

* * *

— Bonjour madame...
— Mademoiselle, mademoiselle...
— Eh bien mademoiselle, je viens pour louer la chambre...
— Bon, je vous préviens tout de suite que je veux ma tranquillité. Pas d'animaux, pas de filles, pas de radio... Je suis arrivée à un âge où je ne supporte plus le bruit à côté de moi...
— Euh, c'est ennuyeux, parce que j'ai la plume de mon stylo qui grince un peu...

* * *

— Monsieur le vendeur, je voudrais une prise de courant?
— Une prise mâle ou une prise femelle?
— Imbécile, c'est pour une réparation, pas pour faire de l'élevage...

* * *

Tu vois maman, j'avais promis d'être très honnête, alors quand monsieur le curé est passé avec un plateau plein d'argent, je lui ai dit: Non, merci.

* * *

Docteur, je ne me sens pas bien du tout en ce moment. Dites-moi... qu'est-ce qu'il y a comme maladie dans l'air ces temps-ci?

* * *

Saviez-vous que finalement Jésus-Christ a eu de la chance: il a été cloué par les mains. Il aurait aussi bien pu être cloué par les oreilles...

* * *

Le chat est un animal fourbe... vous battez un chat, il vous griffe.

* * *

Saviez-vous qu'au cours de toutes ses émissions de radio, de télévision, Réal Giguère a employé:
115 millions de fois le mot merveilleux
250 millions de fois le mot formidable
165 millions de fois le mot extraordinaire

250 milliards de fois le mot sensationnel

Et il peut très bien vivre encore de longues années comme ça. Il est "parfa"... concernant le mot "parfa" il a été employé 100 milliards de fois pour qualifier M. Giguère...

* * *

Entre amis, on parlait de vie future, enfer, paradis:
— Et vous monsieur, vous n'avez pas une petite opinion sur ces graves questions?
— Une opinion? Non, pas d'opinion mais une préférence: certes, j'aimerais bien le paradis à cause du climat, seulement l'enfer doit être joliment plus agréable à cause de la société.

* * *

Qu'est-ce qu'un célibataire?
Seule espèce d'homme assez écervelée pour aspirer au mariage.

* * *

Qu'est-ce qu'un expert?
Un spécialiste qui sait tout sur presque rien et dont la vocation consiste à abuser de la crédulité des non-experts qui ne savent rien sur presque tout.

* * *

Qu'est-ce qu'une personne géniale?
C'est un être qui jouit du droit incontesté de proférer ou d'écrire n'importe quelle stupidité. Il ne s'en prive pas. C'est à quoi se reconnaît un génie.

* * *

Quand on se rappelle ce qu'on a appris sur les genoux de sa mère, c'est généralement parce qu'on a été allongé en travers pour recevoir la fessée.

* * *

On entend un grand fracas dans la cuisine. La nouvelle bonne apparaît ensuite dans le salon et dit à la maîtresse de maison sans se troubler: madame, je dois vous dire que le service de porcelaine de 44 pièces en a maintenant 70.

* * *

Il me semble parfois qu'en créant l'homme Dieu ait surestimé ses possibilités.

* * *

— Quand je vais au cinéma, je donne toujours rendez-vous à mon amie dans la salle. Comme ça elle paie sa place... tu devrais en faire autant...
— Es-tu fou... pour que je sois obligé de payer ma place?

* * *

Il est regrettable qu'on empêche un garçon d'épouser sa soeur. Si ça continue on ne pourra jamais supprimer les belle-mères.

* * *

Je concèderais bien volontiers que les femmes nous sont supérieures si cela pouvait les dissuader de se prétendre nos égales.

* * *

A 12 ans, j'eus ma première bicyclette, depuis on ne m'a plus jamais revu.

* * *

Aucun voyage n'est aussi beau que ceux dont on rêve.

* * *

Les femmes belles ne sont utiles qu'aux amants et aux peintres sans imagination.

*　*　*

— Accusé approchez-vous du tribunal...
— Oui m'sieur le juge.
— Votre sentence a été prononcée.... c'est 30 jours de prison ou $50.00...
— Dans ce cas-là, m'sieur le juge j'prends les $50.00.

*　*　*

Il y a des individus qui sont à l'ombre pour avoir voulu se faire une place au soleil.

*　*　*

Je crois sincèrement qu'avec un peu plus de bon sens on éviterait bien des divorces... et des mariages donc!

*　*　*

— Bonjour madame Tremblay?
— Tremblay! mais je m'appelle madame Shipononski.
— Excusez-moi, je confonds toujours ces deux noms!

*　*　*

— Papa, maman vient d'écraser ma bicyclette avec l'automobile en reculant du garage...
— Combien de fois dois-je te dire de ne pas laisser ta bicyclette sur la galerie...

*　*　*

Voici la saison des fraises. Mais hélas elles sont souvent mal tolérées par certaines personnes à qui elles donnent de l'urticaire. N'hésitez donc pas à employer le petit truc suivant: pour éviter de semblables accidents: Au lieu de fraises, mangez des prunes, c'est aussi bon au goût et ça ne nuit pas à la santé du corps.

*　*　*

— Dites-moi garçon, c'est très joli ces dessins sur le beurre! Seulement, il y a un cheveu!

— C'est pas étonnant, j'ai fait ça avec mon peigne...

* * *

Pourquoi vos chaussures s'usent-elles? Parce que vous les portez aux pieds. Portez-les à la main, elle dureront indéfiniment.

* * *

C'est une erreur de croire qu'il y a un rapport quelconque entre une mère de famille nombreuse et une machine à polycopier.

* * *

Si vous êtes trop occupés, passez vos vacances chez vous. Méthode facile par correspondance.

* * *

A vendre: Tapis persans poussant des cris du même nom dès qu'on marche dessus.

* * *

Vous qui avez l'épiderme délicat: Rasez-vous sans savon sans eau, sans crème sans blaireau et surtout sans rasoir. Comment?
Ça nous n'en avons pas la moindre idée, mais nous sommes persuadés qu'on doit pouvoir y arriver avec un peu de sens pratique et d'imagination.

* * *

Grosse usine de clous cherche bons ouvriers boudeurs pour faire la tête.

* * *

On demande cheval sérieux connaissant bien Montréal pour faire livraisons seul.

* * *

Perdu: J'ai perdu hier une bonne occasion de me taire.

* * *

Ménagères: ne faites plus blanchir votre linge: faites-le noircir; il ne se salira plus!

* * *

Simple avis: Si vous êtes atteints de daltonisme, méfiez-vous des homards et des écrevisses. Ils peuvent être vivants (et verts) alors que vous les croirez cuits (et rouges)

* * *

Etudiant cherche blanchisseuse habile pour l'aider à repasser ses leçons.

* * *

Marguerites pour fiancés, modèle spécial à nombre de pétales donnant toujours "passionnément".

— Dis-moi Toto que faut-il faire pour que le bon Dieu te pardonne tes péchés:

— Il faut d'abord pécher...

Femmes qui voulez maigrir, maigrissez, ce n'est pas nous qui vous en empêcherons.

C'est Robert Cléroux, le célèbre boxeur canadien qui déclarait récemment: on peut recevoir un mauvais gauche tout en étant dans son bon droit.

On demande géant pas trop grand pour doubler nain pas trop petit. Débutant s'abstenir.

Vendeur de charbon ayant idées noires cherche place blanchisseur.

— Chérie, j'ai une faim de loup.

— Ça tombe bien chéri, il y a justement de l'agneau.

L'oiseau migrateur est ainsi appelé parce que ses pattes sont trop courtes pour lui permettre de se gratter plus que la moitié du dos. C'est pour cela qu'on les appelle: mi-gratteurs.

— Marie, ne fais pas de grimaces comme cela, sinon tu resteras laide toute ta vie.

— Et toi maman, on ne t'avait pas avertie.

— Mon oncle Arthur a essayé de se fabriquer une automobile nouveau genre. Il a pris les roues d'une Chevrolet, la carosserie d'une Ford, le moteur d'une Oldsmobile et le...
— Et qu'est-ce que cela a donné?
— Deux ans de prison.

*　*　*

— Sergent j'entends dire que vous tenez des propos malveillants sur mon compte?
— Non, mon colonel, on a dû mal vous renseigner.
— Pourtant, sergent, on me l'affirme. Avez-vous dit, oui ou non que j'étais un cocu...?
— Non, mon colonel, je vous jure que ce n'est pas moi. On a dû l'apprendre par quelqu'un d'autre...

*　*　*

— Voulez-vous bien me dire monsieur quelle est cette façon de conduire inquiétante?
— Voilà monsieur l'agent, j'apprends à conduire...
— Comment vous apprenez à conduire sans instructeur?
— Oui, c'est un cours par correspondance.

*　*　*

— Soldat La Prune...
— Mais sergent...
— Pas d'observation, d'abord quand on parle à un supérieur, on se tait.

*　*　*

— Chéri, va tout de suite porter cette lettre à la poste.
— Mais voyons chérie, il pleut à boire debout, il fait un temps à ne pas mettre un chien dehors...
— Et après, je ne t'ai pas dit d'emmener le chien...

*　*　*

Un fou traverse la rue, regarde d'un air soupçonneux tous les passants, s'approche de l'un d'eux et lui donne une paire de claques...

— Mais vous êtes fou...

— Oui, et alors!

— Allô, c'est le directeur de l'école?
— Lui-même.
— Monsieur le directeur, je vous téléphone pour vous prévenir que Toto est grippé et n'ira pas à l'école aujourd'hui...
— Mais qui téléphone...?
— C'est papa...

* * *

— Tu sais, je ne peux plus jouer avec toi... mes parents me l'ont interdit parce que tu es juif?
— Eh bien tu n'as qu'à leur dire qu'on ne joue pas pour de l'argent...

* * *

— Tu es grand maintenant mon petit... il est temps que nous ayons une petite conversation sur les choses sexuelles...
— Oui papa... qu'est-ce que tu veux savoir?...

* * *

Tu vois les touches de piano elles sont en ivoire... et quand elles sont très vieilles, on en fait des défenses d'éléphant...

* * *

— Ecoutez madame avec dix cierges, la messe d'enterrement vous coûte $100 avec cinq cierges, $50 avec trois cierges $35.
— Bon bon monsieur le curé ne mettez qu'un seul cierge!
— Je veux bien madame, mais ce sera moins gai...

* * *

— Seigneur, il y a un aveugle qui est venu se plaindre. Vous lui avez rendu la vue, mais dès que vous êtes parti, il est redevenu aveugle...
— Oui mon fils... c'était un poisson d'avril...

* * *

— Dis papa, moi, je suis né à Montréal hein?

— Oui.

— Et maman c'est bien vrai qu'elle est née en Abitibi?

— Et toi, tu m'as bien dit que tu étais né à Toronto?

— Mais oui.

— Et bien, c'est quand-même drôle qu'on se soit rencontrés tous les trois...

* * *

— Alors mon vieux Roger t'es marié?

— Oui...

— T'as des enfants?

— Non, ma femme ne sort jamais...

* * *

"Excusez-moi, si je suis indiscret monsieur, mais c'est une histoire de fantôme que vous lisez? Quelle imbécillité!" Et au lieu de répondre, l'autre lève les yeux, puis il disparaît...

* * *

— Voilà, je suis Indien et je voudrais changer de nom!

— Ah, c'est très bien de vouloir prendre un nom chrétien... C'est très bien... et comment t'appelait-on dans ta tribu?

— On m'appelait Grande Locomotive au Sifflet Strident qui Fend la Prairie dans le Silence du Petit Matin...

— Diable... et comment veux-tu t'appeler maintenant?

— Tut Tut Tut!

* * *

Ecoute ma belle nénette fais un beau dodo... dors bien... et si tu as peur appelle maman... papa viendra...

* * *

— Maman, maman, je veux que tu m'offres une nouvelle jupe...

— Non Georges!

* * *

— Pourquoi tu mets de l'insecticide dans ton bain de pieds?

— Bien c'est parce que j'ai des fourmis dans les jambes...

* * *

— Vite monsieur l'agent, faites quelque chose, un fou dangereux vient de s'échapper de l'asile...

— Comment est-il?

— Il est chauve et tout décoiffé...

— Comment peut-il être chauve et décoiffé?

— Mais puisque je vous dis qu'il est fou!

* * *

— Je te parie $10 que tu ne peux pas deviner pourquoi je suis venu te voir!

— Eh bien t'es venu me voir pour m'enprunter de l'argent!

— Eh bien non, t'as perdu! Alors donne-moi $10.

* * *

— Vous savez, je vous dois la vérité, je viens d'examiner votre femme et je ne la trouve pas bien du tout!

— Moi non plus docteur, je ne la trouve pas bien, mais qu'est-ce qu'elle a comme fric!

* * *

Si l'argent ne fait pas votre bonheur, rendez-le moi...

* * *

— Qui est cette affreuse fille squelettique avec les os qui dépassent de partout?

— C'est la fille de Rockfeller.

— J'adore les filles sveltes comme ça...

* * *

Toto, j'ai appris que tu venais de tuer un camarade à l'école. Je te défends de faire ça, tu entends? Pour cette fois-ci ça va, mais si tu t'avises de recommencer, je te prive de dessert. Distoi bien que quand on commence à tuer... et crois ton gangster de père, on finit un jour ou l'autre par voler, mentir etc...

* * *

— Papa, je voudrais que tu m'achètes une mitraillette.
— Une mitraillette! t'es pas un peu dingue, non!
— Si papa. Achète-moi une vraie mitraillette.
— Ah, ça suffit comme ça, arrête tes imbécilités ou je vais me fâcher... Ah, tu tapes du pied, tu trépignes... tiens attrape ça. C'est un comble, qui c'est qui commande ici?
— C'est toi papa, mais si j'avais une mitraillette...

* * *

— Chère madame, j'ai une bonne nouvelle à vous annoncer...
— Ne m'appelez pas madame docteur, je suis une demoiselle.
— Ah bon, alors j'ai une mauvaise nouvelle à vous annoncer...

* * *

Enfer chrétien, du feu, enfer païen, du feu, enfer mahométan, du feu, enfer hindou, des flammes. A en croire les religions, Dieu est né rôtisseur.

* * *

— Comment? mais vous m'avez fait trois manches à ma veste?
— Mais monsieur, vous ne m'aviez pas averti...

* * *

— Eh bien, je n'ai jamais eu aussi chaud de ma vie...
— Et moi non plus, dit le cheval...
— Hein! c'est bien la première fois que j'entends parler un cheval...
— Et moi aussi, dit la charette...

* * *

Un de mes amis me faisait remarquer récemment que notre époque était la plus corrompue de l'histoire...

— Mais non, nous ne sommes pas plus vicieux que nos ancêtres. Nous sommes seulement plus distraits: nous oublions de tirer les rideaux!

— Maman, maman, est-ce que je peux aller voir l'éclipse de soleil?

— Oui, mon petit, mais fais attention de ne pas te brûler...

* * *

— Vous n'avez pas de vaches noires dans le pays?

— Non!

— Et des chevaux noirs?

— Non!

— Et des gros chiens noirs?

— Non!

— Alors, j'ai écrasé le curé...

* * *

Je suis allé passer un an à Toronto, c'était un dimanche.

* * *

C'est un accouchement très difficile, parce que le nouveau-né se tord de rire. Enfin le médecin réussit à l'extraire à l'air libre, il lui donne deux claques, il le secoue et il constate que le bébé garde le poing obstinément fermé. Alors, il lui déplie la main de force, et dedans, il y a une pilule.

* * *

— Nénette tu sais comment ça vient les enfants?

— Non, et toi Nini?

— Non plus. Mais toi un jour tu pourras te rendre compte. Tandis que moi jamais!

— Ah et pourquoi?

— Parce que je me promènerai dans le couloir...

* * *

Tout le monde est ignorant, sur des sujets différents.

* * *

La cuisine anglaise? Si c'est chaud, c'est de la soupe. Si c'est froid, c'est de la bière.

* * *

— Vous les Français, vous ne savez pas ce que c'est que le tact. Par exemple, quand vous entrez par mégarde dans une salle de bain où se trouve une dame nue, vous refermez la porte en disant: pardon madame.

— Ah, et qu'est-ce qu'il faut faire?

— Refermer la porte, bien sûr mais dire: Pardon monsieur.

* * *

— Mon doux, Paul, qu'est-ce qui t'es arrivé?

— Bien, en sortant du bureau, j'ai cru qu'un petit minable me bousculait...

— Et alors?

— Et alors, c'était pas un petit minable...

* * *

Dans un monde bien fait, on devrait pouvoir échanger une femme de 40 ans contre deux de vingt ans.

* * *

Il y a des femmes qui se tuent par amour... mais ce sont toujours les mêmes.

* * *

Monsieur presbyte cherche dame myope pour échange de vues.

* * *

Confrère demande âme soeur.

* * *

Avant de me marier, j'avais six théories sur la façon d'élever les enfants; maintenant j'ai six enfants, et pas de théorie.

* * *

— Dites-moi mon ami, n'étiez-vous pas ce mendiant aveugle à qui j'ai fait l'aumône hier?

— Oui madame...

— Comment se fait-il qu'aujourd'hui vous soyez manchot?

— C'est que j'ai recouvré la vue si rapidement que les bras m'en sont tombés!

— Monsieur, nous ne pouvons plus vous accepter dans cette piscine... Nous avons remarqué que vous faisiez pipi...

— Mais enfin, vous n'imaginez tout de même pas que je suis le seul à faire pipi dans la piscine!

— Si monsieur, du haut plongeoir, vous êtes le seul...

* * *

— Papa, je suis tombé dans la rivière...

— Hein? et qui t'en a sorti?

— C'est un gentil monsieur qui a plongé tout habillé et qui m'a ramené sur le quai...

— Ah oui, et où est-il ce monsieur?

— Il est là-bas au bord, en train de se sécher...

— Attends-moi... monsieur, c'est vous qui avez sorti mon fils de l'eau?

— Oui monsieur... mais vous savez c'est tout naturel?

— Ah oui, vous trouvez ça naturel? et sa casquette, qu'est-ce que vous en avez fait?

* * *

— Monsieur, je ne voudrais pas être indiscrète, mais vraiment j'ai besoin de savoir pourquoi est-ce que vous avez une banane dans l'oreille?...

Monsieur... je ne voudrais pas être impertinente... mais dites-moi s'il vous plaît pourquoi est-ce que vous avez une banane dans l'oreille?...

Mais enfin monsieur, oui ou non, est-ce que vous allez me dire pourquoi vous avez une banane dans l'oreille?

— Qu'est-ce que vous dites madame, parlez plus fort? Vous ne voyez pas que j'ai une banane dans l'oreille!

* * *

Je vis tellement au-dessus de mes moyens que, pour ainsi dire, nous vivons à part.

* * *

A ma connaissance, il existe quatre moyens de faire fortune:

1 — en mettant de l'argent de côté
2 — en achetant des valeurs
3 — en achetant de l'or
4 — en achetant des terrains

* * *

— Ça fait bien une demi-heure qu'on danse mademoiselle?
— Au moins, monsieur...
— Alors, ça vous fait rien qu'on change de sens? J'ai ma jambe de bois qui se dévisse...

* * *

— Mon père, mon père, j'ai tué...
— Combien de fois, mon Ami...

* * *

Non, monsieur le juge, je vous jure que je n'ai pas étranglé ma femme... Elle est seulement morte d'émotion quand je l'ai prise à la gorge...

* * *

— Maman s'est remariée et mon nouveau papa m'apprend à nager.
— Ah bon, et tu te débrouilles bien?
— Oh oui, je commence déjà à sortir du lac tout seul.

* * *

Un petit garçon sort de l'école... il traverse et un autobus lui coupe les deux bras... il se relève, parce qu'il est très courageux, il descend la rue, il arrive devant chez lui, et hop, un rouleau compresseur lui passe dessus et lui écrabouille les deux jambes... alors il se traîne jusqu'à la porte de sa maison, il frappe avec sa tête sa maman vient lui ouvrir et il dit: maman, bobo...

* * *

Vous qui voulez gagner beaucoup d'argent, vous n'êtes pas le seul, moi aussi. Achetez donc mon livre: *Comment réussir,* $2.50.

* * *

Le seul homme qui gagne de l'argent en suivant les courses de chevaux est celui qui le fait avec une pelle et un balai.

* * *

On tue un homme: on est un assassin.
On tue des millions d'hommes: on est un conquérant.
On les tue tous: on est un Dieu.

* * *

— Alors madame, vous n'avez pas vu le feu rouge?
— Oh vous savez les feux rouges, quand on en a vu un, on les a tous vus.

* * *

Chauffeur, faites-moi faire le tour du quartier, je ne sais plus où j'ai garé ma voiture...

* * *

— Comme il est mignon votre petit... qu'il a de jolis cheveux... son papa devait être roux?
— J'en sais rien, il avait gardé sa casquette...

* * *

Mon mari est un amant formidable, je n'ai jamais réussi à le prendre sur le fait.

* * *

En Chine, quand un homme condamné au supplice des dix mille morceaux souffrait trop, il avait le droit de pousser un cri.

* * *

Le pape n'utilise que des allumettes taillées dans le bois de la vraie croix.

* * *

— Qu'est-ce que vous faites là?

— Ben, vous voyez monsieur l'agent je creuse un trou.

— Eh pourquoi vous creusez un trou...

— C'est parce que j'ai rendez-vous dans ce bois avec une fille...

— Et c'est pour cette fille que vous creusez un trou?

— Oui, parce qu'elle est bossue...

* * *

Le record de la prodigalité appartient au milliardaire américain John W. Dobble-Bubble qui, le 28 août 1927, signa un chèque de cent millions de dollars et alluma son cigare avec.

* * *

*   *   *

Un homme en état de péché mortel peut néanmoins vivre très vieux à condition de boire beaucoup de lait.

*   *   *

Plus on est de fous aux lèvres gercées, plus on a mal quand on rit.

*   *   *

— Arsène de qui est la lettre que tu es en train de lire?
— Pourquoi chérie?
— Comment pourquoi? Tu es bien curieux!

*   *   *

— C'est incroyable, Yvonne, ce que les gens peuvent être susceptibles! On peut dire n'importe quoi, ils le prennent toujours pour eux...
— C'est pour moi que tu dis ça Charles...

*   *   *

— Si jamais le patron ne retire pas ce qu'il m'a dit, je le laisse tomber et je quitte ce sale travail...
— Ah oui, et qu'est-ce qu'il t'a dit?
— Il m'a dit qu'il me flanquait dehors!

*   *   *

— Et maintenant les enfants, citez-moi des fruits... Tiens, toi Toto!
— Eh bien, la pomme, la poire, la banane, euh... la cerise et puis, et puis... et puis le fruit de vos entrailles est béni...

*   *   *

C'est bien vrai monsieur le vendeur, vous avez reçu deux mille paires de sandales...
— Oui mademoiselle...
— Très bien, je vais les essayer...

*   *   *

Un grand acteur rencontre une comédienne célèbre. Il lui parle de lui. Elle lui parle d'elle. Chacun tombe amoureux de lui-même et ils font un grand mariage d'amour.

* * *

— Et votre mari?
— Ne m'en parlez pas, il est mort.
— Pas possible, et comment?
— C'est le courant qui l'a emporté.
— C'est horrible, et il s'est noyé?
— Non, il est passé sur la chaise électrique.

* * *

Quand Eve voulut un deuxième enfant, Adam fut très embarrassé car il ne savait pas quel était le geste, parmi tous ceux qu'il avait faits, qui avait eu pour conséquence d'engendrer le premier bébé.

* * *

— Je voudrais une chemise lilas... Non, pas ça... Ca ne va pas... ce que je veux, c'est une chemise lilas comme celle que vous avez là dans la vitrine...
— Mais monsieur, ce que vous me montrez ce n'est pas une chemise lilas, c'est une chemise blanche!
— Pis après, vous n'avez jamais vu du lilas blanc.

* * *

— Tiens, tu as fait couper la queue du chien?
— Oui, ma belle-mère venait réveillonner à la maison et je ne voulais pas qu'elle puisse croire que le chien était content.

* * *

— Nous les Juifs, on est à peu près dix millions... et vous les Chinois, combien vous êtes?
— Nous, on est sept cents millions...
— Formidable, tout de même, ce qui m'étonne, c'est qu'on vous voit si peu...

* * *

120

* * *

Un honnête politicien est celui qui, ayant été acheté, reste à acheter.

* * *

Les gens du monde ne sont pas plutôt attroupés qu'ils se croient en société.

* * *

Une mère met 20 ans à faire de son fils un homme. Une autre femme en fait un fou en 20 minutes.

* * *

Une crise de nerfs n'est pas une opinion.

* * *

Si vous voulez savoir la valeur de l'argent, essayez donc d'en emprunter.

* * *

A un de ses camarades qui lui demande pourquoi il rôde sans cesse autour d'une jeune fille, un moustique avoue: Je la trouve si piquante.

* * *

Pour éviter d'avoir mal quand un char d'assaut vous passe sur le pied, il suffit de porter des chaussures un peu trop grandes.

* * *

Parce qu'il était sourd, le grand compositeur Beethoven ignora toujours que la musique fait du bruit.

* * *

Un lion interpelle un tigre:
— Tu n'as donc rien d'autre à te mettre qu'un pyjama?

* * *

Deux condamnés:

— Combien t'as pris?

— 10 ans.

— Bon. Moi, il m'en ont mis pour 15 ans. C'est toi qui sortiras le premier... tu peux prendre le lit près de la porte.

*　*　*

En l'an 2,000, un homme sur quatre sera chinois, les trois autres seront japonais.

*　*　*

Monsieur 5 pieds 5 pouces épouserait jeune femme 4 pieds 7 pouces pour faire 10 pieds juste.

*   *   *

Monsieur excessivement catholique épouserait religieuse.

*   *   *

Dame très salope mais très fidèle épouserait jumeaux.

*   *   *

Un rond de fumée flotte au-dessus d'un cigare. Oh, s'écrie une cigarette, un saint.

*   *   *

Ce passage est extrêmement dangereux dit le guide de montagne aux touristes qu'il emmène en excursion. Une chute à cet endroit est fatalement mortelle. Faites-donc particulièrement attention. Toutefois, si jamais vous tombiez, n'oubliez pas de regarder sur la droite. Le panorama est splendide.

*   *   *

Une jeune fille a le choix entre deux solutions pour ses vacances:
— aller à la montagne et regarder le paysage
— ou aller à la mer et être le paysage.

*   *   *

Les machines électroniques épargnent à l'homme une foule de suppositions inutiles.. les bikinis aussi.

*   *   *

Monsieur, je voudrais passer des vacances extraordinaires, quelques jours d'inédits, d'hors série...
— Si vraiment vous souhaitez de l'insolite mademoiselle, pourrais-je vous suggérer la visite de mon appartement en quinze jours, entièrement sur le compte de la maison.

*   *   *

Monsieur distingué, très belle situation, velu comme un singe, épouserait jeune fille éducation impeccable, moralité austère, même un peu bégueule, pour voir la tête qu'elle fera la première fois qu'elle le verra tout nu.

*   *   *

Le ministère des Finances devrait s'appeler ministère de la Misère puisque le ministère de la Guerre ne s'appelle pas ministère de la Paix.

*   *   *

Il faudrait essayer d'être heureux, ne serait-ce que pour donner l'exemple.

*   *   *

Rire est le propre de l'homme à ce qu'on dit. Mais le sale n'est pas de pleurer, sauf si on le fait exprès.

*   *   *

Monsieur 40 ans, 6 pieds 2 pouces, très bel homme, cadre supérieur, voiture de l'année, légion d'honneur, rencontrerait monsieur mêmes caractéristiques pour voir par lui-même s'il a vraiment l'air aussi con que ça.

*   *   *

Monsieur, lorsque vous annoncez dans votre publicité que votre village est situé à 16,000 pieds au-dessus du niveau de la mer, est-ce par rapport à la marée haute ou à la marée basse?

*   *   *

— S'il vous plaît mon ami, ce village là-bas, doit-on prononcer Vaterloo ou Ouaterloo?
— Ouaterloo...
— Merci mon brave, dites-moi vous habitez la région?
— Non, j'y suis en ouacances...

*   *   *

Chéri, j'ai une bonne nouvelle à t'annoncer... Vu que bientôt ce sera la fête des pères, eh bien à partir de dimanche, je te dispense de laver la vaisselle une fois par semaine et à la place, tu nous emmènes au restaurant.

* * *

Un de mes amis s'est rendu au Congo et a été reçu par le chef des Baloubas qui était accompagné de charmante et plantureuse épouse du plus beau noir évidemment.
Le tambour bat pour le dîner et mon ami s'incline galamment devant l'épouse du chef des baloudas...
— Puis-je vous offrir le bras?
— Non merci, j'ai déjà dîné.

* * *

Un éventail vient de se casser, et ses derniers mots sont: Autant en emporte le vent!

* * *

Un Indien demande une chambre avec télévision...
— Certainement monsieur, vous en voulez une à $100 ou une à $60.
— Quelle est la différence?
— Eh bien, dans les chambres à $100 lorsque vous regardez un western à la télévision les Indiens triomphent à chaque fois.

* * *

— Où partez-vous cette année?
— Je ne sais pas, papa hésite encore entre la montagne et la mer. Cet après-midi maman est allée acheter les maillots de bain.

* * *

Comptables, experts comptables.
Experts de famille.
Gagnez du temps en n'en perdant pas trop.

Utilisez la machine B.M.C.
La machine qui ne s'arrête que lorsqu'on ne s'en sert pas.

*   *   *

Ne forcez pas votre nature
demeurez égaux à vous-mêmes
soyez maîtres de vos réflexes...
Si vous n'aimez pas l'alpinisme
personne ne vous oblige à le pratiquer.

*   *   *

Trois allumettes une à une allumées dans la nuit
la première pour voir ton visage tout entier
la seconde pour voir tes yeux
la dernière pour voir ta bouche
et l'obscurité tout entière pour me rappeler tout cela en te serrant dans mes bras.   *   *   *

Le paquebot vient de faire naufrage. La tête d'un lord anglais sort de l'eau et sa main s'accroche à une épave providentielle. De l'autre main, il remet son monocle, puis il se caresse le menton: Voyons voyons, où en étais-je resté? Ah oui, au secours!

*   *   *

C'est une femme qui respire la vertu! oui, mais elle est tout de suite essouflée!

*   *   *

— Quelle différence y a-t-il à votre avis entre la beauté et le charme chez une femme?
— La beauté c'est quand je fais attention à une femme... Le charme c'est quand une femme fait attention à moi.

*   *   *

Un monsieur est accusé d'avoir tué sa femme:
— J'ai un alibi, déclare-t-il, à l'heure du crime, j'étais au cinéma.
— Parfait... Quel film y jouait-on?
— Le viol d'une jeune fille douce!
— Racontez le film.
— Et il a été condamné.

*   *   *

L'histoire se passe dans le train turbo — Montréal-Toronto. Dans un compartiment, deux hommes sont assis l'un en face de l'autre.

L'un d'eux lit l'Express, mais de bien curieuse façon, puisqu'il le déchire en petit morceaux et qu'il jette consciencieusement chacun de ces petits morceaux par la portière.

Au bout d'un certain temps, l'autre homme, très intrigué, s'adresse à son vis-à-vis.:
— Vous voudrez bien m'excuser, mais je voudrais savoir pourquoi vous jetez des fragments par la portière?
— C'est à cause des éléphants... ça empêche qu'ils viennent se promener sur la voie ferrée, ce qui est dangereux pour le trafic...
— Mais, réplique l'autre, il n'y a pas d'éléphants entre Montréal et Toronto...
— Ah! vous voyez, réplique le lecteur c'est très efficace!

*   *   *

Oh! s'indigne une paire de bottes en croisant une paire de sandales. Comment peut-on sortir avec un tel décolleté!

* * *

Une maman noire aperçoit son petit garçon en train de courir après un petit garçon blanc.
Veux-tu venir ici...Combien de fois est-ce que je t'ai défendu de jouer avec la nourriture...

* * *

Nourrisson arriéré, 22 ans, cherche nourrice, même âge si possible.

* * *

Une petite scie n'arrête pas de crier. Et sa mère d'expliquer: elle fait ses dents.

* * *

Dans un bar très fréquenté dans l'ouest de la métropole on peut lire ce qui suit: "Si vous buvez pour oublier, voulez-vous avoir l'amabilité de payer d'avance.

* * *

Une fusée nucléaire est gelée: Quoi d'étonnant remarque-t-elle avec cette guerre froide!

* * *

— Docteur, j'ai 50 ans et je voudrais savoir si je peux espérer devenir centenaire, comme mon père?
— Voyons, est-ce que vous fumez, est-ce que vous buvez, est-ce que vous mangez beaucoup?
— Rien de tout cela docteur.
— Et les femmes?
— Jamais docteur.
— Alors, pourquoi voulez-vous vivre cent ans?

* * *

— Ma bonne dame, je n'ai rien mangé depuis cinq jours. Vous n'auriez pas un peu de restes?

— Des restes? vous voulez des restes? Est-ce que de la soupe d'hier ça vous irait?

— Oh oui, madame.

— Alors, revenez demain...

Amoureuse d'un fauteuil, une chaise soupire: quand me prendra-t-il dans ses bras?

* * *

Mon trésor! dit-il. Elle répond: mon trésorier.

* * *

C'est un homme bizarre... Il a des idées qui ne sont pas celles de tout le monde... Non, il n'est pas politicien... Le voilà qui essaie les allumettes de la boîte qu'il vient de tirer de sa poche. Il en craque une... non! elle ne prend pas. Une autre. Sans plus de succès. En trouve une, enfin, qui s'allume.
Ah! dit-il en l'éteignant avec soin, celle-là je la garde, elle est bonne.

* * *

Cher monsieur, depuis le premier jour de notre mariage, nous avons réparti nos créanciers en trois groupes:
1 — Ceux qui seront payés prochainement;
2 — ceux qui seront payés un jour ou l'autre;
3 — ceux qui ne seront jamais payés.
"Nous sommes heureux de vous informer que, étant donné la courtoisie exceptionnelle de vos réclamations, vous avez été promu du troisième groupe au second."

* * *

Chère madame X,
J'ai rêvé que le premier ministre m'embrassait... Je tenais à la main un bouquet d'oeillets géants. Mon mari survint... et je me suis réveillée en larmes. Pouvez-vous me donner la signification de ce rêve?
Signé: Joues en feu

Chère madame, l'admiration que vous portez à ce premier ministre est un peu abusive. Mais en plus vous souffrez d'un complexe de culpabilité. Votre mari ne serait-il pas dans l'opposition?

* * *

Je viens de rencontrer un homme de théâtre désespéré. Il est souffleur. Or, on vient de le traiter de dégonflé...

* * *

Une brosse a mal dormi. Zut! fait-elle, je vais être encore de mauvais poil.

* * *

Une dame dit à une autre: Tu sais que Josette a un retard de plus de deux mois. C'est beaucoup pour une jeune fille.

* * *

Une bague est désolée. On vient de la mettre à l'index.

* * *

— Et maintenant je vais interviewer nos jeunes artistes qui ont travaillé sur le thème unique du cheval: Et toi, qu'est-ce que tu as fait?
— J'ai fait un éléphant.
— Oui, mais un éléphant qui a une forme de cheval!
— Si vous voulez, oncle Pierre, mais alors ce serait plutôt un chevalet.
— Un chevalet!
— Oui, un petit cheval.

(Oncle Pierre, concours de dessins)

* * *

Branle-bas de combat,
ma femme vient de me quitter.
Hier, elle était encore là.
Aujourd'hui, chez le laitier...

Un gars tout simple
qui passe tous les matins.
Quelqu'un de qui je ne me suis pas méfié,
m'a laissé la pinte, est parti avec mon lait...

Ma survivance, mon sérum, ma femme,quel slalom,
J'ai tout fait pour elle, et encore pas assez.
J'étais fidèle, elle ne l'a pas été
Ah! que c'est cruel, de se voir sa femme enlever,
la plus belle, par un simple laitier...

Je prends ma revanche, je pense que c'est mon droit...
Tous les jours, y compris le dimanche, je n'arrête pas,
je bois, du rye, du scotch, n'importe quoi... tout!
sauf du lait! C'est vache...

* * *

Il y a quelque temps, 40 ans faisait fureur, mais je me suis
laissé dire que Gilberte Côté-Mercier voulait lancer la cinquan-
taine pour l'été prochain. Et elle déclarait récemment:
— Combien je regrette mon bras si dodu, ma jambe bien faite
et le temps perdu...

* * *

— Tu connais la belle fille là-bas... Non, mais ça m'intéres-
serait!
— Ben alors, c'est bien simple, appelle-la en faisant "pstt, pstt"
et elle s'étend.

* * *

La politique est un chapitre de la météorologie. La météorologie est la sicence des courants d'air.

* * *

A Toronto, la pluie devient une distraction.

* * *

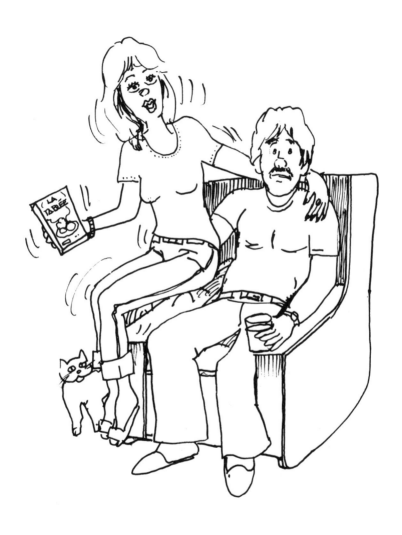

Il est épatant ce livre de cuisine que tu m'as offert...à présent je sais exactement ce que je vais commander au restaurant...

Un proverbe dit: Grattez le Russe, vous trouverez le Cosaque. C'est faux, il n'y a pas besoin de gratter.

* * *

Avec toute cette campagne contre la cigarette, et bien je vous dirai que cesser de fumer est la chose la plus aisée qui soit. Je sais ce que c'est: je l'ai fait cinquante fois.

* * *

Elève Toto, dites-moi: Que firent les Hébreux après être sortis de la mer Rouge?
— Eh bien, monsieur, ils se séchèrent.

* * *

— Dites-moi monsieur le curé, avant de mourir, vous croyez qu'on verra ça le mariage des prêtres?
— Nous, sûrement pas monsieur l'abbé, mais nos enfants, peut-être...

* * *

Le chef de bureau vient de raconter une bonne blague et tous les employés rient à ce bon mot. Tous, sauf une dactylo qui reste de marbre. Un collègue la pousse du coude:
— Pourquoi ne ris-tu pas?
— Ce n'est plus la peine. J'ai donné ma démission ce matin.

* * *

D'une amie à une autre:
— Oui chère, il faut que je reste chaque jour des heures devant mon miroir à admirer ma beauté. Tu dois appeler cela de la vanité?
— Oh! non ma chérie, tout au plus de l'imagination...

* * *

Cours de langue de boeuf par vache espagnole.
Mugissements garantis en 12 leçons.

* * *

On demandait récemment à un jeune chanteur français:
— Alors c'est la province qui aura la chance d'entendre vos nouvelles chansons?
— Bien sûr... il faut bien les mettre au point...

* * *

Un jeune homme se présente dans une des nombreuses buanderies de Montréal, en annonçant qu'il fait ses études d'ingénieur et qu'il aimerait voir l'équipement de la maison.
Le gérant se fait un plaisir de lui montrer les différentes machines à laver, à sécher et à repasser.
— Eh bien, j'espère que vous voilà satisfait?
— Oh oui, certainement dit le jeune homme. J'étais curieux de savoir comment une machine pouvait ainsi arracher les boutons de mes chemises et les envoyer à l'intérieur de mes chaussettes.

* * *

Au centre de la main-d'oeuvre, 10 000 chômeurs scandent tous ensemble: Du travail! Du travail!
Un homme s'approche et dit à l'un d'eux: Vous avez une bonne tête, je vous engage demain matin, voici l'adresse.
Le gars tout seul: Ah c'est bien ma chance, on est dix mille et il faut que ça tombe sur moi.

* * *

Quelle est la définition biblique d'une demoiselle de petite vertu: C'est une jeune femme qui gagne à être connue.
Quant au souteneur c'est un homme qui gagne à tous les coups.

* * *

Saviez-vous que la vache n'est pas la femelle du boeuf. La vache est la femelle du taureau. La femelle du boeuf c'est la charrue.

* * *

— Vite, monsieur l'agent, venez vite, il y a un salaud qui est en train de casser la gueule à mon père...

— Attends un peu... je m'en vais les séparer... lequel est ton père?

— C'est que justement, je ne sais pas, c'est pour ça qu'ils se battent...

* * *

C'est une dame qui vient de mettre au monde un bébé noir. Elle se tourne vers son mari et lui dit: Tu vois! c'est idiot cette manie que tu as d'éteindre la lumière.

* * *

Femme: Alors, tu en as assez de moi, tu as pris une maîtresse.

Mari: C'est justement parce que je n'en ai pas assez de toi.

* * *

Il ne faut jamais donner d'alcool à un accidenté de la route avant d'être sûr qu'il vit encore. Autrement, c'est du gaspillage...

* * *

Dans le métro, un vieux monsieur très distingué est assis juste en face d'une porteuse de mini-jupe, une mini-jupe très courte. Le vieux monsieur est très gêné et au bout de quelque temps, il se penche vers la jeune femme et lui dit:
— Excusez-moi mademoiselle mais votre position est vraiment indécente.
— Ce n'est pas mademoiselle, c'est madame, dit la femme sans se démonter.
— Oh! excusez-moi , madame, d'où je suis placé, je ne pouvais pas très bien voir.

* * *

Ne remettez jamais au lendemain ce que vous pouvez faire le jour même, parce que, si ça vous donne vraiment du plaisir, vous pouvez recommencer le lendemain.

* * *

Le danger pour une femme quand un homme lui fait des avances c'est qu'elle peut avoir un retard.

* * *

— Docteur, ça fait cinq ans que je suis marié et nous n'avons pas d'enfant, je crois que je suis impuissant!
— Bien, nous allons voir ça, montrez-moi vos organes génitaux.
— A ce moment-là, le type lui montre sa langue.

* * *

Un riche Arabe réunit ses 30 concubines et leur déclare: je vais vous quitter! Je ne sais pas comment vous l'annoncer sans vous faire de peine, mais je suis tombé amoureux d'un autre harem...

* * *

Les cours donnés aux adultes sont de plus en plus nombreux, aussi on ne devrait envoyer ces gens à l'école qu'à partir du moment où ils auraient des enfants pour les aider à faire leurs devoirs.

*   *   *

L'autre jour dans le métro, j'ai vu une femme si laide que je croyais qu'elle faisait des grimaces.

*   *   *

C'est une jeune infirmière à qui l'on reprochait son trop grand sérieux avec les patients. Aussi, c'est avec un grand sourire qu'un beau matin elle entre dans la chambre d'un vieillard en lui disant: Alors, pépère, on agonise?

*   *   *

Notre P.E.T. national déclarait récemment: "Je suis un homme aigri par le succès". C'est vrai ça, des p'tits becs ici, des p'tits bec là, je suis las de tout ça. Les gens sont vraiment étonnants: ils veulent que je m'intéresse à eux!"

*   *   *

Le monsieur qui rentre du travail: Ah! j'ai très mal au genou. Sa femme: Tu couves une grippe, sans doute.

*   *   *

Une femme apporte à son mari dont c'est l'anniversaire, deux cravates. Pour lui montrer qu'il est bien content, le mari met l'une des cravates. Aussitôt sa femme s'écrie: oh! tu n'aimes pas l'autre...

*   *   *

Vous savez ce que c'est le judo: Art de parler le japonais avec les mains.

*   *   *

De Roger Baulu, on disait récemment:
Son nez a l'air plus vieux que le reste de son visage.

Saviez-vous que les papes étaient célibataires de père en fils...

* * *

Monsieur et madame passent la soirée chez eux. Elle tricote. Il lit son journal. Tout d'un coup, il éternue et elle lui dit à tes souhaits! Et elle tombe raide morte.

Le baromètre est variable, le temps ne sait pas ce qu'il doit faire.

* * *

Avocat de la défense: Je voudrais signaler au tribunal que mon client est un conducteur extrêmement prudent; jamais il ne dépasse une voiture qui roule plus vite que la sienne.

* * *

Une troublante chasse à l'homme de 200 hommes se poursuit dans les bois du Mont-Royal après que deux bandits firent main haute sur le contenu d'un camion de la Brinks... les 200 hommes se composent, de policiers, de volontaires et de chiens policiers.

* * *

Un violent incendie éclatait boul. Pie IX et De LaSalle à l'institut LeBlanc. Après plusieurs heures de lutte, les pompiers ont réussi à se rendre maîtres des femmes.

* * *

Je perds mes dents, je meurs en détail.

* * *

Apercevant un bouton de manchette, un bouton de culotte ne peut s'empêcher de murmurer: quel snob...

* * *

Les femmes et les parfums sont subtils, aussi faut-il bien les enfermer.

* * *

Au rayon des jouets la vendeuse vantait les prodigieuses ressources d'une nouvelle poupée:
— Bien sûr, elle parle et elle marche, mais en plus elle pleure, mouille ses langes et prend son biberon...
Dans le cercle d'enfants ébahis qui se pressait autour d'elle une petite fille, toute petite faisait la moue.

— J'ai déjà une petite soeur qui fait tout ça... moi, ce que je veux, c'est une poupée...

* * *

Automobilistes, soyez prudents: nos médecins passent leurs vacances en Floride.

* * *

— Patron, il manque un dollar dans ma paye...
— La semaine dernière, vous en avez touché un de trop et vous n'avez rien dit...
— Je veux bien excuser une erreur mais pas deux...

* * *

Le 4 octobre 1911, le premier escalier mécanique de Londres fut mis en service à une station de métro. Au début, la nouvelle invention inspira tellement peu confiance que l'on embaucha un amputé portant une jambe de bois et dont le rôle consistait à monter et descendre toute la journée pour rassurer les voyageurs. Mais on dut se passer de ses services quand on entendit une femme dire à son petit garçon:
— Voilà ce qui arrive quand on utilise ces inventions-là...

* * *

Un de mes amis a découpé dans le journal un petit entrefilet relatant qu'un mari a demandé le divorce en invoquant le motif que sa femme fouillait dans ses poches.
— Que comptes-tu faire de cette coupure lui demandai-je?
— La mettre dans ma poche, me dit-il...

* * *

Fatigué de s'entendre sans cesse demander l'heure, un garçon d'ascenseur décida d'accrocher une petite horloge dans la cabine. Résultat: on lui demande du matin au soir:
— C'est bien l'heure exacte?

* * *

Un riche Américain arrive au Mexique suivi de deux domestiques qui portent tout un matériel de ski.

— Excusez-moi, monsieur, mais je dois vous signaler qu'il n'y a pas de neige ici...

— Je sais, elle vient avec le reste de mes bagages.

* * *

On ne doit rien tuer, pas même une puce. Sauf dans le cas de légitime défense bien entendu.

* * *

Accostant une femme dans l'autobus:

— Madame, puis-je me permettre de vous demander le nom de votre parfum? J'aimerais acheter le même à ma femme.

La jeune femme accepta de le renseigner mais avant de descendre elle lui dit: si j'étais vous, je ne lui offrirais pas ce parfum pour ne pas l'exposer à se faire accoster par toute espèce d'individus.

* * *

Accusé, expliquez donc à messieurs les jurés pourquoi vous avez tué ce malheureux homme-sandwich!

— J'avais faim...

* * *

Ce qui nous empêche souvent de nous abandonner à un seul vice c'est que nous en avons plusieurs.

* * *

Maman puisque tu dis qu'il est gentil l'ami de papa, alors pourquoi tu l'enfermes toujours dans le placard?

* * *

Comme c'est curieux monsieur, vous vendez à la fois des instruments de musique et des armes!

Les deux commerces se complètent, quand quelqu'un m'achète un tambour ou une trompette, c'est bien rare si deux ou trois jours après son voisin ne vient pas choisir un revolver.

* * *

Partager la chambre de mon mari est un supplice, il parle en dormant...

— Si le mien ne faisait que cela, c'est encore pire, pendant son sommeil, il a toujours un sourire ravi.

* * *

— Dites-moi, qui préférez-vous, les femmes jalouses ou les autres?
— Quelles autres?

* * *

— Mon vieux, je suis dans une mauvaise passe, voudrais-tu me prêter $10.00?
— Impossible...
— Très bien, je m'en souviendrai.
— D'accord, mais si je te les prêtais, tu ne t'en souviendrais plus.

* * *

— Tiens,bonjour Robert... que deviens-tu?
— J'ai de petites difficultés... on me propose un contrat pour Hollywood, mais comment veux-tu que je signe et que je quitte Montréal... j'ai un projet d'émission à la radio, à la télévision on me propose une continuité, et je suis retenu par un cabaret qui va ouvrir très prochainement... Mais au fait, toi comment ça va?
— Comme toi mon vieux, je suis sur le carreau...

* * *

— Monsieur, je voudrais une augmentation.
— Une augmentation, et pourquoi une augmentation?
— Parce que sans elle patron, il me faudra renoncer à mes projets de mariage...

— Eh bien mon ami, parfait, cela me décide... je ne vous donnerai pas un sou de plus... et croyez-moi vous me remercierez un jour!

* * *

— Quels beaux chats vous avez!
— N'est-ce pas, ce sont des chats siamois!
— Ah oui, comme c'est curieux... comment avez-vous fait pour les séparer?

Un ogre téléphone à sa femme et hurle:
Allogre! j'ai horriblement faim! Apporte-moi un pâté de maison.

On pouvait voir à travers sa barbe combien il eût été laid sans
barbe.

* * *

— Qu'est-ce qui t'arrive Roger, tu as l'air bien malade...
— Tu ne crois pas si bien dire... ma femme est morte...
— Ce n'est pas possible... et de quoi donc?
— De la grippe...
— De la grippe? Alors ce n'est pas grave du tout.

* * *

Un observateur nous a fait observé que la boue fait des taches
blanches sur les pantalons noirs et des taches noires sur les
pantalons blancs...

* * *

Mais non, cet homme-là n'est pas tellement faux, puisque ça
se voit sur son visage qu'il est faux.

* * *

Quand je mourrai, je veux qu'on mette une brosse dans mon
cercueil...
— Une brosse, pour quoi faire?
— Pour quand je tomberai en poussière!

* * *

Nous ne devons épouser que de très jolies femmes si nous
voulons qu'on nous en délivre.

* * *

Les médecins sont des ânes... ils vous soignent pour une pneumonie et vous mourrez des oreillons...

C'est vrai... pourtant j'en ai connu un bon. Quand il vous soignait pour une pneumonie, c'était bien d'une pneumonie que vous mourriez!

* * *

Savez-vous que j'ai connu un homme si orgueilleux qu'à chacun de ses anniversaires, il envoyait un télégramme de félicitations à sa mère.

* * *

Voulez-vous trouver une orange douce? Mangez d'abord un citron.

* * *

La jeunesse est une chose merveilleuse... mais quel crime de la laisser gaspiller par les enfants!

* * *

Que penses-tu des voyantes?
— Pas grand-chose de bon... Un jour, j'allai en voir une... je frappai à la porte et elle a demandé: Qui est là?

* * *

* * *

Un noir vient s'inscrire à l'université.
— Quelle branche choisissez-vous?
— Moi, je désire un banc comme tout le monde...

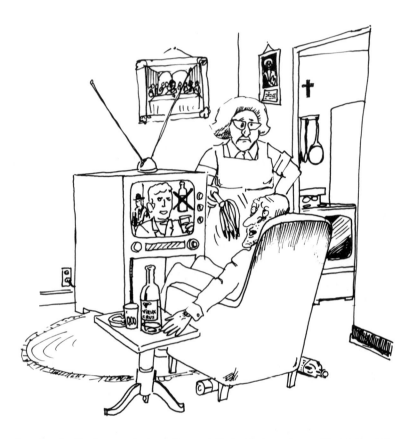

Lucien boit plus que de raison et il vient de voir un film à la télé contre l'alcoolisme. Sa femme lui demande en le voyant songeur:

— Qu'est-ce que tu as?

— J'ai que c'est fini pour moi, murmure-t-il, très grave.

— Quoi l'alcool?

— Non, la télévision.

* * *

Une cigarette répète à ses enfants: surtout ne jouez jamais avec les allumettes!

* * *

Saviez-vous que si à la seconde exacte où vous annoncez à un ami que sa femme et ses enfants ont péri dans un accident, vous lui laissez tomber en même temps un poids de 20 livres sur le pied, il est incapable de dire où il a le plus de mal.

* * *

Borgne céderait moitié de paysage.

* * *

Les aveugles ont l'odorat si fin qu'ils reconnaissent à l'odeur s'ils sont tombés dans une bouche d'égout ou une bouche de métro.

* * *

— Chéri, cette nuit j'ai rêvé que tu m'achetais un nouveau chapeau!
— Ce sera bien le premier qui ne m'aura rien coûté.

* * *

La motié des femmes sont malheureuses parce qu'elles ne possèdent pas ce qui rend malheureuses l'autre moitié.

* * *

— Vous êtes veuve?
— Oui, pour l'instant.

* * *

Dialogue entre un banquier et un homme d'affaires:

— Et quel crédit pouvons-nous faire à Boisvert?

— Ma foi, c'est difficile à dire... comme il paie toujours comptant, je suis incapable de dire s'il est honnête ou non...

* * *

— Le bon Dieu a l'habitude de se lever pour recevoir les chefs d'Etat quand ils arrivent au ciel. C'est un geste de courtoisie élémentaire. Mais quand P.E.T. qui vient de mourir, se présente devant son trône, le père éternel ne bouge pas d'un pouce. Saint-Pierre lui glisse dans l'oreille:

— Eh Seigneur, c'est le premier ministre du Canada qui est là et vous savez que le Canada est fils de l'Eglise. Faudrait vous mettre debout!

— Jamais de la vie, si je me lève, il va s'asseoir à ma place...

* * *

— Ecoutez monsieur le ministre, je suis venu solliciter de vous l'autorisation de changer de nom...

— Et comment t'appelles-tu?

— Je m'appelle Adolphe Merd.

— Oh je comprends que ce soit difficile à porter... et comment voudrais-tu t'appeler?

— Jean Merd.

* * *

Dieu se rend chez un psychanaliste et lui dit:

— Docteur c'est ennuyeux, je ne crois plus en moi...

* * *

Je passe mon temps à combattre ma paresse, vaillamment. Mais quand je l'ai vaincue, je suis si fatigué, si fatigué, que je n'ai plus le courage de travailler.

* * *

Il y a des hommes mariés qui proclament d'une voix forte leur autorité dans leur ménage. Ils ont toujours le dernier mot, et ce mot est généralement "Oui".

* * *

— Vraiment on ne lui donnerait pas 60 ans...

— Et même si on les lui donnait, elle les refuserait.

Un célibataire écrit à une agence:

Je voudrais louer une villa à l'île du levant. Confort, téléphone, douche, etc...

L'agence lui fournit une adresse... l'homme arrive à la villa...

La porte s'ouvre devant lui et une jeune fille en tenue d'Eve apparaît...

— Qui êtes-vous mademoiselle?

— Etc... répond la demoiselle...

* * *

— Accusé Lagacé, vous êtes poursuivi pour avoir porté des coups au sieur Tranquille... qu'avez-vous à dire pour votre défense?

— Monsieur le juge, j'ai à dire que je ne peux supporter les crétins... or regardez le plaignant, il a la face même du crétin... Quand je l'ai vu, cela a été plus fort que moi, je me suis précipité sur lui et j'ai cogné...

— Vous avez eu tort de le frapper, les crétins sont des hommes comme vous et moi...

* * *

— Dites-moi donc cher ami qui est cette dame qui paraît complètement idiote...

— Bien volontiers cher confrère, c'est ma soeur.

— Oh excusez-moi, je suis impardonnable, j'aurais dû remarquer combien vous vous ressembliez...

* * *

— Rien à déclarer monsieur?

— Rien du tout...

— Et là-dedans?

— Ça c'est de l'eau de Lourdes... vous en mettez 3 gouttes sur un bobo et puiftt, envolé le bobo...

— Permettez que je sente.

— Bien sûr, sentez monsieur sentez...

— Y a pas du doute monsieur, ça c'est du whisky...

— Du whisky, oh! madone, miracle, miracle... c'est un miracle...

* * *

Alors qu'elle se promène dans un bois, une jeune fille remar-

que qu'un écureuil n'arrête pas de la suivre.
Et l'écureuil timidement s'excuse...
— C'est plus fort que moi mademoiselle, vous avez les yeux noisettes.

* * *

Une martre fait des projets de mariage:
En tout cas, si je dois épouser un renard, il faut qu'il soit argenté!

* * *

Apercevant pour la première fois de sa vie un chameau, un dromadaire lui demande:
— C'est donc ça la bossa nova?

* * *

— Monsieur le professeur, à quel âge on peut avoir des enfants?
— Bien... à 13, 14 ans, on peut avoir des enfants...
— Bien comme ça, mon amie Lisette elle a 7 ans, ça veut dire qu'il n'y avait pas de danger.

* * *

— Ma femme est tellement bavarde que je dois mettre du coton dans mes oreilles...
— La mienne est pire, l'année dernière on est allé en Floride et elle a attrapé un coup de soleil sur la langue...

* * *

— J'espère docteur que vous nous ferez une petite réduction... C'est mon mari qui a amené la grippe dans le quartier...

* * *

— Je trouve madame votre mère bien changée depuis l'année dernière...

— En effet ce n'est pas la même, l'autre me coûtait trop cher.

*   *   *

La ponctualité est un moyen poli de reprocher aux autres leur inexactitude.

*   *   *

Nous avons raté le premier acte...

— Ne vous tourmentez pas, l'auteur aussi.

*   *   *

Un piéton est écrasé par une voiture. Le chauffeur fait marche arrière, s'arrête et se penche sur la victime:

— Vous souffrez beaucoup mon ami?

— Oui, surtout quand je ris...

*   *   *

— Patron, mes appointements ne sont pas ce qu'ils devraient être!

— Mais s'ils l'étaient, comment pourriez-vous vivre?

*   *   *

— Et toi, est-ce que tu tutoies ta femme?

— Oui, quelquefois devant son amant...

*   *   *

— Je vous en prie ma chérie, ne pleurez pas...

— Pourquoi? je ne suis pas laide quand je pleure...

*   *   *

Chaque homme a trois jeunesses: celle du corps, celle du coeur, celle de l'esprit: malheureusement, elles ne coïncident jamais.

*   *   *

— Vous n'avez pas vu un fou qui s'est échappé de l'asile demande la jeune infirmière?

— Comment est-il?

— Tout petit, il pèse 190 livres...

— Mais comment peut-il peser 190 livres s'il est tout petit?

L'infirmière de répondre: Je vous le répète, il est fou...

*   *   *

— Croyez-vous à l'amour?

— Avant mon mariage, j'y croyais...

— Et maintenant?

— Maintenant, j'y crois comme à Dieu, on m'a dit qu'il existe, mais je ne l'ai jamais vu!

*   *   *

Docteur, dit l'infirmière, c'est un homme qui se plaint d'avoir perdu la mémoire.

— Ah bon alors, faites-lui payer sa consultation d'avance et ensuite vous le referez payer à la sortie.

Robert veut faire une blague à ses amis, il entre au restaurant, le visage décomposé, ses amis l'interrogent:

— Quoi, vous ne savez donc pas que Georges est mort?

Consternation générale, jusqu'au moment où Georges pousse la porte et entre. Alors Robert, le doigt sur les lèvres:

— Chut, pas un mot, il ne sait rien encore.

L'employé modèle arrive à son bureau, une chaussette bleu ciel, au pied droit, et une chaussette orange au pied gauche.
— Tiens, c'est nouveau et original, dit son collègue!
— Pas tellement! j'ai la même paire à la maison...

* * *

Un don Juan se vante, auprès de son médecin de ses bonnes fortunes. Et avec détails, il décrit ses dernières conquêtes: Une brune sculpturale nommée Carmela, Josette, une blonde aux yeux verts avec un grain de beauté sur l'omoplate gauche, une rousse incendiaire baptisée Rosy...
— Je vous préviens, dit le médecin que si vous continuez ainsi vous ne vivrez pas vieux.
— Mais docteur, je suis dans une forme splendide!
— Peut-être, mais Josette la petite blonde au grain de beauté sur l'omoplate gauche, c'est ma femme...

* * *

Au cours de la nuit de noces, la jeune mariée se fâche. Elle lance une gifle à son époux:
— Tiens pour être un si médiocre amoureux!
— Aussitôt, il lui administre deux gifles en retour!
— Tiens pour être capable de faire la différence...

* * *

— Ça y est. Brigitte est amoureuse de moi.
— Tu as suivi mon conseil de l'embrasser quand elle s'y attendait le moins?
— Heu... pas tout à fait... je n'avais pas compris quand, j'avais compris où.

* * *

Parlant d'une femme extrêmement maigre: Je n'ai jamais vu découvrir autant pour montrer moins!

* * *

* * *

Il y avait dans la cour de l'asile un mât. Un jour, un fou grimpe au mât et cloue au sommet une pancarte dont le texte est illisible vu d'en bas. Bientôt, un autre fou monte au mât, déchiffre la pancarte puis redescend. Et au cours de la journée, sans cesse, d'autres fous agissent de la même façon. A tel point, que le directeur de l'asile, intrigué, finit par monter lui aussi au mât. Et il lit sur la pancarte: fin du mât.

* * *

Un policier faisant irruption dans une discothèque:
— Si quelqu'un bouge, on tire.
Alors un client crie:
— Si quelqu'un tire, je bouge!

* * *

— Maître que voudriez-vous que l'orchestre joue?
— Dites-leur de jouer aux dominos.

* * *

— C'est un fusil qui date du temps de Charlemagne!
— Vous plaisantez, il n'en existait pas à cette époque!
— Justement, c'est ce qui fait sa rareté.

* * *

Quelle différence y a-t-il entre l'extase et l'anxiété?
Vingt-huit jours.

* * *

Un homme se plaint à son ami d'un parent qui séjourne chez lui. Cela ne m'a pas dérangé qu'il porte mes chemises, je n'ai rien dit lorsqu'il a fumé mes meilleurs cigares et bu tout mon whisky. Je me suis contenu quand il a démoli ma voiture... mais quand il est venu s'asseoir à ma table et qu'il a ri de moi avec mon propre dentier, j'ai trouvé que c'en était trop...

* * *

— Es-tu devenu fou Henri? pourquoi as-tu épousé cette horreur?

— Oh mais tu peux parler fort, elle est sourde aussi...

* * *

— Ecoutez madame, ne pourriez-vous enlever votre chapeau? J'ai payé ma place $4.50... c'est pour voir!

— Et moi, monsieur, j'ai payé mon chapeau $18.75, c'est pour qu'on le voie.

* * *

C'était un homme méthodique: il déjeunait en mâchant du côté droit et dînait en mâchant du côté gauche...

* * *

Toutes les choses ont leur bon côté.

En mangeant des huîtres un Ecossais avait avalé une perle qui lui perfora l'intestin.

— Quelle chance explique sa veuve. S'il n'avait pas avalé cette perle, nous n'aurions jamais eu de quoi payer ses obsèques.

* * *

On sait que les Ecossais sont reconnus pour leurs habitudes d'économie... Celui-ci découvrant l'infidélité de sa femme ordonna aux amants de se mettre l'un derrière l'autre pour les tuer tous les deux en même temps... Comme ça, il put économiser une balle.

* * *

Un brin d'herbe à une goutte de rosée: Alors, toujours aussi matinale...

* * *

Un mari furieux surgit dans la chambre d'hôtel où sa femme a passé l'après-midi en compagnie d'un charmant jeune homme.

— Sortez!

En fait, l'amant se dissimule peureusement sous les couvertures.

— Ecoute, fait sa femme en souriant, toi qui es sportif, tu devrais réfléchir... Un monsieur qui vient de faire de la gymnastique pendant 3 heures n'a guère envie de se livrer en plus à un match de boxe.

* * *

Elle était comme la lune, avec un côté qu'on ne connaîtrait jamais...

* * *

La mort est un manque de savoir-vivre...

* * *

Armure: vêtement porté par un homme qui a un forgeron comme tailleur.

Deux chèvres parlent d'une troisième: Ma parole elle se prend pour une intellectuelle! Quand elle tombe sur une feuille de chou elle ne la mange pas, elle la lit...

* * *

Demoiselles qui rêvez du Prince charmant: Epousez n'importe qui: Un homme en vaut un autre et le résultat est le même.

* * *

Un mendiant joue de l'accordéon au coin d'une station de métro.
Un agent lui demande s'il a un permis?
— Non.
— Alors, accompagnez-moi...
— Bien qu'est-ce que vous allez chanter?

— Tiens, quelle belle casquette de yachtman tu as là Armand!

— Cette casquette est pour moi extrêmement précieuse: je l'ai
  achetée avec mes gains au jeu... je dois ajouter d'ailleurs,
  qu'avec mes pertes j'aurais pu acheter le yacht.

*   *   *

Nous sommes allés dans un endroit où la musique est si mauvaise que lorsqu'un garçon de table laisse tomber un plateau,
les couples se lèvent et se mettent à danser...

* * *

— Monsieur, si vous étiez mon mari, je vous donnerais du poison...

— Mademoiselle, si vous étiez ma femme, je l'avalerais volontiers.

* * *

Vous pouvez dire qu'une fille a atteint l'âge ingrat lorsqu'elle est trop âgée pour compter sur ses doigts et trop jeune pour compter sur ses jambes.

* * *

Bigame: personne qui commet deux fois la même erreur.

Honnêteté: la peur d'être arrêté.

Adolescence: âge ou la voix d'une jeune fille change, au lieu de dire non, elle dit oui...

* * *

Le comble de la patience?

Gratter les fils d'un poteau téléphonique et attendre que l'opératrice réponde.

* * *

La mère à son petit garçon:

— Toto, dis ahahah pour que monsieur le docteur puisse retirer son doigt de ta bouche...

* * *

Maman m'envoie chercher de la poudre pour les punaises.

— Pour combien?

— Je ne sais pas, maman ne les a pas comptées...

* * *

— Dites-moi monsieur le pharmacien, faites-vous les analyses d'urine?

— Oui monsieur...

— Dans ce cas, lavez-vous les mains et faites-moi un sandwich.

— Vous m'assurez qu'avec ce tonique,mes cheveux vont re-
pousser.

— Mais oui, fait le barbier, vous aurez l'air dix ans plus jeune.
Une semaine plus tard, le client revient. Au lieu de cheveux,il
a des bosses sur la tête...

— Je ne comprends pas ça, fait le barbier, montrez donc votre
bouteille?

Le client la lui tend.

— Oh je vois, fait le barbier, excusez-moi je me suis trompé, je
vous ai donné un remède pour faire développer le buste.

*   *   *

A bord d'un avion transatlantique, un archevêque appelle le steward:

— Donnez-moi un whisky, s.v.p.

— Certainement monseigneur, dit le steward...

Soudain le prélat réfléchit et s'enquiert:

— Au fait, à quelle altitude volons-nous en ce moment?

— A 16 000 pieds monseigneur...

— Ah bon, nous sommes un peu près du patron, vous me servirez plutôt un jus d'orange...

* * *

Voyant un clavecin pensif, un orgue lui dit: Je parie que vous rêvez encore de faire une fugue!

* * *

— Vous connaissez "Le barbier de Séville?"

— Non, je me rase moi-même...

Monsieur propriétaire voiture grand sport, cherche place de stationnement, du 10 au 16 mars prochain, avenue du Parc, à 7 heures et demie. Longueur de sa voiture 7 pieds 1 pouce.

Si la fortune vient en dormant, rien ne prouve que les emmerdements ne viennent pas au réveil...

Celui-là, qui victime d'un injuste sort et d'un funeste destin, est à bout de patience, à bout de recherches, à bout de nerfs, à bout de force et à bout d'arguments, n'est heureusement et par contre, pas au bout de ses peines.

Petites prévisions de la météo:
On prévoit un sombre dimanche pour jeudi prochain.

Si vous voulez passer pour un menteur, dites toujours la vérité...

— Moi, je ne sors qu'avec les filles qui portent des lunettes.
— Pourquoi?
— Je souffle dans leurs lunettes et elles ne voient pas ce que je fais.

— Je bois trop, faudrait que j'arrête. Ma vue baisse et je vois des points noirs partout...
— As-tu vu un oculiste?
— Non, seulement des points noirs.

L'ivrogne se frappe brusquement sur un passant...

— Regardez où vous marchez... Vous ne voyez donc pas.

— Je vois même trop, hic! Je vous ai même vu double, monsieur...

— C'est honteux!

— Je m'excuse, j'ai pensé que j'avais le temps de passer entre
vous deux.

* * *

— Pardon monsieur, pouvez-vous me dire de ce que vous trouvez drôle à "Hamlet"? C'est une tragédie.

— Comment? C'est Hamlet qu'on joue? Excusez-moi, dans ce
cas, je me suis trompé de théâtre.

* * *

— Sais-tu pourquoi, nous les vidangeurs, nous allons directe-
ment au ciel?

— Non.

— C'est parce que l'on mène des vies d'anges...

* * *

— Moi, je suis content d'être ici. Imaginez j'étais obligé de mendier pour vivre, depuis la mort de ma femme.

— Avant la mort de votre épouse, je suppose que vous étiez à
l'aise?

— Non, mais c'est elle qui mendiait.

* * *

— Moi, au cours de la guerre, je me suis battu, seul, contre
2 000 hommes et ils se sont rendus, je les ai tous fait prisonniers.

— Moi, d'un coup de couteau, j'ai coupé le poignet d'un enne-
mi, d'un seul coup...

— Pourquoi ne pas lui avoir coupé la tête?

— Je ne pouvais pas, elle était déjà coupée...

* * *

— Vous êtes portraitiste monsieur?
— Oui.
— Je voudrais mon portrait, quel est le prix?
— Cela dépend monsieur!

ressemblance parfaite:	$5.00
demi-ressemblance:	$2.50
air de famille:	$1.50

J'ai connu un homme qui était tellement soupçonneux que lorsque sa femme mit au monde des jumeaux, il se mit en colère parce que l'un des deux ne lui ressemblait pas.

* * *

Quelqu'un reprochait à un vieillard son caractère impossible.
— Triple crétin, à mon âge, si toutefois vous y parvenez, vous comprendrez ceci: quand on a déjà un pied dans la tombe, on ne se laisse pas marcher sur l'autre!

* * *

D'après les statistiques, le lit est l'endroit le plus dangereux. La preuve c'est que plus de 90 pour cent des personnes y meurent.

* * *

C'est un partisan de l'incinération. Et se sentant très mal, n'ayant guère d'espoir, il donne des consignes qui commencent ainsi: Après ma mort, je veux être brûlé vif.

* * *

Pierre Dac affirme qu'un de ses amis médecin a traité un malade pour une jaunisse pendant quinze jours... jusqu'à ce qu'il s'aperçoive que c'était un Japonais.

*   *   *

Une jeune fille ne doit jamais désespérer et attendre le grand amour... Mais en attendant, elle peut se marier...

*   *   *

— Veux-tu pousser tes pieds froids de ton bord?
— Tu ne m'aimes plus! Tu ne me disais jamais ça avant notre mariage...

*   *   *

Rentrant dans son armoire complètement affolée, une veste explique à un gilet: Je viens de rencontrer des blousons noirs.

*   *   *

Mère: Où vont les mauvaises filles?
Enfant: Presque partout, aujourd'hui, maman...

*   *   *

— Qu'est-ce qu'un usurier?
— Un usurier: je vais te donner un exemple: un usurier est un homme qui un jour te prête un mouchoir et qui le lendemain te réclame une paire de draps...

*   *   *

— Chez nous ce sont les cigognes qui apportent les bébés.
— Chez nous, on les trouve dans les choux.
— Chez nous, on est trop pauvre, c'est maman qui les fait.

*   *   *

Jeunes gens, soyez prudents: si vous rencontrez une jolie fille en maillot collant, ne vous bousculez pas pour l'épouser. Huit jours plus tard, vous aurez sur le dos une femme collante en maillot.

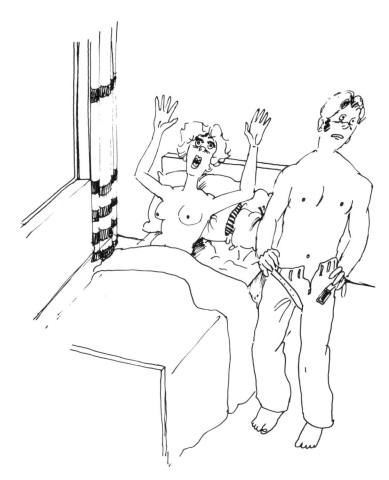

Elle est couchée près de son mari, elle rêve et pousse un cri:
— Mon Dieu, mon mari qui arrive...
Le mari s'éveille en sursaut, se lève et court se cacher dans la garde-robe.

* * *

L'agréable dans un cadeau d'anniversaire sous forme de chèque, c'est qu'il est si facile à échanger.

* * *

Un employé arrive en retard à son bureau, trouve à sa place son patron qui lui dit:

— C'est une heure pour arriver?

— Je vous demande pardon, monsieur, c'est la première fois que cela m'arrive...

— Avez-vous une excuse?

— Oui monsieur, je vais être père.

— Il fallait me le dire plus tôt. Félicitations. C'est pour bientôt?

— Dans neuf mois, monsieur!

— Et bien mademoiselle, avez-vous déjà travaillé dans un institut de beauté?

— Non monsieur!

— Ça ne fait rien, le travail est très simple, quand une cliente entre vous dites: bonjour madame et quand elle sort, au revoir mademoiselle.

* * *

Deux bassets se promènent et rencontrent un lévrier. Le premier dit à l'autre:

— Tu les aimes toi ces chiens-là?

— Oh non alors, je ne peux pas les sentir.

* * *

— Ne craignez pas de me dire la vérité docteur?

— N'y allez pas par quatre chemins... Alors? combien vous dois-je?

* * *

— Ecoutez monsieur, vous m'aviez dit avec cet appareil radio vous entendrez toutes les stations...

— Et alors? vous ne les entendez pas toutes?

— Mais oui, toutes ensembles...

* * *

Un malade entre dans le cabinet du docteur.

— Docteur, j'ai un rhume de chien, j'éternue comme une vache et j'ai une fièvre de cheval.

— Mais, mon ami, avec tout ça, voyez donc plutôt un vétérinaire.

* * *

L'éminent professeur Pinard ne manquait jamais chaque année de réunir le contingent de jeunes infirmières qui entraient à son service à la maternité. Cette année, il commença son discours par ces propos:

— Rien ne peut être comparé au lait maternel. Tout d'abord le

lait de maman est sain, il se trouve toujours à la températu-
re convenable, les mouches et les poussières ne risquent
pas de le polluer, et puis mesdames quel ravissant embal-
lage!

*　*　*

— Toto vous avez une orthographe déplorable. Vous êtes sans
excuse, quand vous avez un doute consultez le dictionnaire.
— Mais monsieur le professeur, je n'ai jamais de doute.

*　*　*

— Toto, si tu continues à faire le méchant garçon tu peux être
certain que le père Noël ne passera pas cette année.
— Toto: Papa, tu ne feras pas ça, surtout la dernière année
que j'y crois.

*　*　*

Le petit garçon entre dans la cuisine en pleurant, sa mère le
questionne, lui demande ce qu'il a...
— C'est papa, en voulant accrocher un cadre, il s'est donné un
coup de marteau sur un doigt.
— Ce n'est pas de quoi pleurer, au contraire tu aurais dû rire...
— C'est ce que j'ai fait.

*　*　*

— Maman, pourquoi le petit Jésus dans la crèche est-il tout
nu?
— Parce que sa maman n'avait pas suffisamment de sous pour
lui acheter des vêtements.
— Alors pourquoi n'est-elle pas toute nue elle aussi?

*　*　*

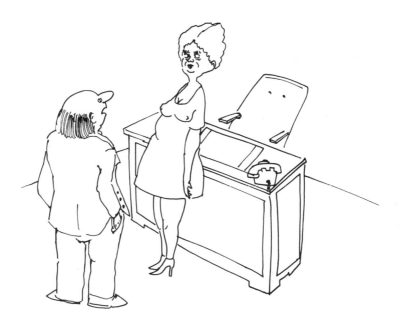

Alors comme ça, vous êtes la soeur de la célèbre actrice Brigitte Montaland...

— Oui monsieur, je suis sa soeur de lait...

— Eh bien mademoiselle, d'après votre audition, je crois que c'est elle qui a tout bu...

* * *

— Ecoute Jos, fit le voisin confidentiellement, le soir tu devrais fermer les rideaux de ta chambre. Hier soir, je t'ai vu au lit avec ta femme en train de vous embrasser.

— Elle est bien bonne celle-là, mais hier soir, je n'étais même pas à la maison.

* * *

— Maman, est-ce que tous les contes de fées commencent par: Il était une fois...

— Non, quelquefois ça commence par: ma chérie, je dois travailler ce soir.

Si vous voulez rendre une histoire inoffensive en une histoire obscène vous n'avez qu'à ajouter cette petite phrase: comme le disait l'actrice à l'évêque...

* * *

La meilleure façon de faire la cour à une femme qui a un passé est encore de lui faire un présent.

* * *

Passe un enterrement minable. Pas de corbillard, une simple carriole. Le cercueil est en bois blanc et il n'est pas même recouvert d'un drap noir. Il est suivi par un unique piéton, un vieillard très très vieux. Vous savez, c'est une famille très pauvre!
— Oui? ils n'ont peut-être même pas de mort dans la boîte...

* * *

Un véritable optimiste, c'est le mari qui rentrant chez lui à l'improviste et trouvant dans le cendrier des mégots de sa havane s'écrie: Enfin ma femme a compris que les cigarettes lui faisaient du mal.

* * *

Le notaire vient de lire le testament du défunt, un vieillard qui avait épousé à 83 ans une ravissante danseuse des Folies-Bergères.
— Excusez-moi, mais je n'ai pas entendu à qui mon grand-oncle a légué sa veuve.

* * *

Si vous battez une femme avec une fleur, prenez plutôt une rose la tige a des épines.

* * *

Jacques Normand: Il ne faut pas dire: Fontaine je ne boirai pas de ton eau, il y a des moments où l'on a si soif.

* * *

* * *

Les Terriens débarquent sur Mars. Ils ont de grandes conversations avec les Martiens sur leurs habitudes mutuelles, leur façon de vivre.

— Enfin les Terriens posent une question: Comment faites-vous pour avoir des enfants?

— Nous avalons des pilules spéciales disent les Martiens.

— Et vous, comment faites-vous?

— Quelque peu gênés, mais animés d'un esprit pédagogique, les Terriens font une démonstration aux Martiens qui éclatent de rire.

— Pourquoi riez-vous? s'inquiètèrent les Terriens.

— Parce que c'est ainsi que nous fabriquons nos petites pilules.

* * *

Un aspirateur demande à une machine à laver:
— Alors, toujours dans le strip-tease?

* * *

Malheureusement pour nous dans la province de Québec, il y a beaucoup plus de suiveurs de femmes, que de meneurs d'hommes.

* * *

Au zoo, deux filles regardent les singes.
— Ils sont épatants, n'est-ce-pas? Il ne leur manque que de l'argent.

* * *

Un navet rayonne, son fils a réussi: Il fait du cinéma.

* * *

Il y a trois sortes de mensonges:
Les simples mensonges,
les mensonges sacrés
et les statistiques...

Il était une fois sept frères. Le premier était avocat et le deuxième ne connaissait pas grand-chose non plus. Le troisième était député et le quatrième était également menteur. Le cinquième était banquier et le sixième occupait la cellule voisine à Bordeaux. Quant au septième, il était resté célibataire comme leur père.

* * *

Auditeur: désoeuvré atteint d'une sorte de demi-surdité spéciale qui lui permet d'entendre sans écouter.

* * *

Un soldat veut toucher un chèque à la banque mais le caissier est réticent.
— Il faudrait que deux de vos amis viennent avec vous pour prouver votre identité.
— Mais je n'ai pas un seul ami, je suis clairon et c'est moi qui réveille tout le monde le matin.

* * *

Il perdit la tête quand il la vit, elle en perdit la parole. Ils firent un enfant de tête qui n'avait qu'une parole.

* * *

Ma femme est une menteuse, elle prétend qu'elle a passé la nuit avec son amie Juliette. Or, cela est faux car la nuit dernière Juliette était avec moi.

* * *

Un vagabond dit à un compagnon d'infortune:
— Je voudrais bien avoir encore ma femme.
— Elle est morte?
— Non, je l'ai échangée contre une bouteille de cognac.
— Et tu la regrettes, à présent?
— Non, mais j'ai encore soif...

* * *

Deux requins aperçoivent un scaphandrier.

— Mium, mium, que dis-tu de ça?

— Très peu pour moi, je ne supporte pas les conserves.

Le client chez le barbier commençait à redouter le pire! Le garçon un apprenti, venait, en 20 secondes de le couper quatre fois, tout en continuant à parler:

— Il me semble bien vous avoir déjà eu pour client, dit-il.

— Vous devez faire erreur, mon bras c'est à la dernière guerre que je l'ai perdu.

* * *

— Ah! Ah! vous avouez avoir volé $100 dans ce club de nudistes?
— Oui, M. le juge, j'avais besoin d'argent, je suis tout nu dans la rue.

* * *

— On vous accuse d'avoir assommé ce pauvre chauffeur de taxi pour une somme dérisoire de $13.00. Qu'avez-vous à dire pour votre défense?
— Je ne suis pas superstitieux...

* * *

Le printemps, la neige fond, l'été tout le monde fond, l'automne c'est l'été qui fond, et l'hiver on se demande ce que les trois autres saisons font.

* * *

— Docteur, je fais de l'embonpoint, et pourtant mon travail me permet de faire vingts milles à pied tous les jours, je suis inquiet.
— Quel genre de travail faites-vous?
— Je me spécialise dans la réparation des escaliers roulants...

* * *

— Votre terre est à vendre n'est-ce pas?
— C'est en plein ça.
— Et votre prix comprend à peu près tout ça?
— Exactement, et même si vous achetez ma terre avant la prochaine tempête, vous avez la grange avec.

* * *

— Pourquoi as-tu maintenant deux tuyaux d'échappement après ta voiture?
— Bien, c'est le temps des contestations, alors moi je conteste contre la pollution de l'air à Montréal.

* * *

* * *

C'est une dame qui est en visite chez une de ses meilleures amies.

— Je m'aperçois que tu as déjà fait ton ménage du printemps.

— Oh non, mon mari est juste parti me faire une commission.

— Ah! je ne savais pas que ton mari avait été condamné aux travaux forcés.

— Bien ça fait trois jours qu'il est constipé.

* * *

Voici les prévisions de la météo selon la police: aujourd'hui les vents en ville seront de 30 milles à l'heure, et sur la grand'route de 60.

* * *

On demandait à un savant s'il était brillant lorsqu'il allait à la petite école.

— Non, dit-il, mais j'étais toujours le premier de ma classe.

* * *

Maintenant que vous êtes avantageusement connu, pourquoi n'écrivez-vous pas vos mémoires.

— Justement, c'est parce que je suis avantageusement connu.

* * *

— Mais pourquoi à leur mariage,demande ce musicien,la musique était-elle en ré-mineur?

— Parce que la mariée n'avait pas encore 21 ans.

* * *

A vendre: Moulin à coudre. Cause: je suis cousu de dettes...

* * *

Un petit garçon demande à sa mère:

— Qu'est-ce que c'est qu'un compte-gouttes?

— Et bien, de répondre la mère, c'est le petit instrument dont se sert ton père pour me donner de l'argent.

*   *   *

Mais pourquoi avoir deux fois fait le tour du monde: une fois aurait suffi?
— C'est parce que je voulais avoir une photocopie de mon voyage...

*   *   *

—C'est ça mon petit gars, le pont Jacques-Cartier a été nommé ainsi en l'honneur du découvreur du Canada.
— Ah! je ne savais pas que Monsieur Jacques Cartier était si bossu que ça...

*   *   *

Chez le dentiste: Pas si fort, vous allez me l'arracher.

*   *   *

— Pourquoi, vous voulez vous noyer monsieur?
— Parce que je ne sais pas nager...

*   *   *

— Accusé, levez-vous. Vous jurez de dire la vérité, toute la vérité, rien que la vérité? Dites, je le jure. Je le jure. Que savez-vous de l'affaire?
— Rien...

*   *   *

Le meilleur joueur de billard au monde vient de prendre sa retraite. Il avait les nerfs en boule...

*   *   *

Il y a deux sortes d'hommes qui ne comprennent rien aux femmes: Les maris et les célibataires.

*   *   *

La définition d'un psychiatre: Un homme qui va aux Folies-Bergères et qui regarde les spectateurs.

*   *   *

La définition d'un cannibale homosexuel: c'est un monsieur qui entre dans un restaurant, et demande un garçon.

* * *

Grande assemblée de la maffia américaine demain à New York. Nous ferons tirer des prix de présence. Donc, amenez vos fusils...

* * *

Savez-vous la cause exacte de l'émeute raciale à Sir George-Williams? Ça a débuté à la cafétéria, lorsqu'un jeune étudiant blanc, a refusé un café noir...

* * *

Un homme a été frappé par une automobile hier, en face de l'usine de café Maxwell-House. La mort a été instantanée...

* * *

J'ai vu deux feux en venant au studio cet après-midi. Je n'ai pas arrêté, c'était deux feux verts...

* * *

Moi, je connais un employé de bureau qui, la semaine dernière a refusé son chèque de paie. Son médecin lui avait dit ce jour-là de ne prendre que du liquide...

* * *

Le patron du Premier ministre Trudeau: Sintaxe...

* * *

— Le juge au policier: Qu'a dit l'accusé lorsque vous l'avez arrêté?
— En retirant les mots grossiers, M. Le Juge?
— Naturellement:
— Pas un mot, M. Le Juge.

* * *

Connaissez-vous l'histoire du brave petit garçon infirme qui n'avait ni bras, ni jambe, et qui pourtant jouait au football? C'est lui qui faisait le ballon...

* * *

Deux voyantes se rencontrent:
— Comment suis-je?
— Pas mal! Et moi?

* * *

La définition d'un antiquaire: C'est un marchand de choses anciennement neuves.

* * *

C'est une petite fille qui parlait de son petit frère:
— Il a maintenant trois mois... il ne peut pas encore marcher, mais il a déjà des pieds.

* * *

C'est un mari veuf qui avait acheté un perroquet en mémoire de sa femme...

* * *

C'est une jeune femme, cigarette à la bouche, qui est dans son lit avec le meilleur ami de son mari. S'il fallait que Rosaire me voit en ce moment dit-elle, il serait furieux, il croit que j'ai cessé de fumer.

— Accusé Thibodeau, un policier vous a pris sur le fait en train de violer cette vieille dame. Qu'avez-vous à répondre?
— Légitime défense, votre honneur...

* * *

Deux amis discutent: tu me dis que ton auto dernier modèle est à vendre pour $100. et tu n'as pas trouvé d'acheteur? Oui, c'est le dernier modèle de la compagnie, mais elle a fait faillite en 1954.

* * *

189

Le patron électricien:
— Jules, vous êtes allé chez les Lebrun?
— Oui patron.
— Mais, vous n'avez pas réparé leur sonnette électrique?
— Ils n'étaient pas chez eux patron, j'ai sonné dix fois et personne ne m'a répondu...

* * *

Selon de récentes statistiques très précises, notre planète est peuplée d'un nombre incalculable de gens...

* * *

Sauf complications, disait de son malade ce médecin consterné, il va mourir.

* * *

— Ma chérie, tu ne m'embrasses pas, je m'en vais au travail?
— Arrête donc de faire des farces, c'est juste demain ta paye...

* * *

Comment appelle-t-on un homme chauve qui prend sa douche?
Un arroseur de patinoire.

* * *

— Maman, pourquoi la nuit, il fait noir?
— Parce que la nuit, le soleil se cache.
— Ah! je ne savais pas que le soleil avait peur de la noirceur.

* * *

C'est un manchot qui entre dans une pharmacie:
— Les jambes en l'air, c'est un hold-up puis fais ça vite...

* * *

L'autre jour ma belle-mère est tombée dans le feu. Jamais la cuisine n'a senti aussi bon que ce jour-là.

* * *

Rencontrant une chemise d'un blanc éclatant, une chemise d'un blanc douteux s'écrie: Oh ma pauvre, qu'est-ce qui ne va pas? Vous êtes toute pâle...

*   *   *

Une radio envie un téléviseur: Dire que ça fait si longtemps que je rêve de faire du cinéma.

*   *   *

Quand quelqu'un vous dit: je me tue à vous le dire: Laissez-le mourir.

*   *   *

Les cygnes chantent avant de mourir. Certaines chanteuses de notre colonie artistique feraient bien de mourir avant de chanter.

*   *   *

Comme un jeune porc se montre particulièrement sensuel, une vieille truie remarque: Ça ne m'étonne pas. Tout cochon a dans son coeur un cochon qui sommeille.

*   *   *

Vous qui vous destinez aux carrières administratives du gouvernement, apprenez à travailler sans rien faire...

*   *   *

Croyez-moi dit une pipe à une cheminée d'usine, vous fumez trop.

*   *   *

Un régime de bananes est perplexe: on lui a conseillé de suivre un régime.

*   *   *

Il y a trois manières de se ruiner disait le grand Rotchcshild: le jeu, les femmes et les ingénieurs: les deux premières sont les plus agréables, mais la dernière est la plus sûre.

Lu dans un testament de comédien: je demande à être inci-
néré, et je veux que 10% de mes cendres soit remis à mon im-
présario.

* * *

Lorsqu'on dit que les voyages forment la jeunesse, on veut
sans doute parler des voyages de noces.

* * *

— Pas plus tard que la semaine dernière tu étais bien décidé
  à te marier, puis aujourd'hui, tu ne veux plus rien savoir.
— C'est parce qu'on m'a averti, et qu'un homme averti en vaut
  deux, je ne peux tout de même pas épouser deux femmes à
  la fois.

* * *

Une dame à une autre: stationner une voiture ne serait rien, si
les réparations n'étaient pas si chères.

* * *

Oh! vraiment depuis leur mariage ce jeune couple file le parfait
bonheur. Pourvu que ça dure jusqu'à leur divorce...

* * *

Un jeune homme à sa petite amie au téléphone: Ce soir je vais
passer te prendre avec ma voiture, parce que celle de mon
père est en panne.

* * *

Le petit Raymond arrive de la librairie avec le carnet d'adresses
que sa mère lui avait dit d'acheter.
— Maman on s'est fait rouler.
— Comment ça?
— Y a aucune adresse dans ce carnet.

* * *

Une rose thé confie à une autre rose:
— Ah, si je pouvais finir mes jours dans une tasse.

Le monokini est un petit maillot qui en exposant des poitrines au soleil a fourni l'occasion de faire des gorges chaudes.

Annonce classée: On demande sténo-dactylo fortement musclée pour taper des thèses sur la force policière. Se présenter au poste central de l'énergie atomique, frappez fort avant d'entrer.

Une dame et son petit garçon font l'aumône à un mendiant manchot. Puis la dame dit à son fils:

— Voilà ce qui t'arriveras plus tard si tu continues à te ronger les ongles.

Il y avait une fois, un perroquet d'une rare éloquence. Mais on ne l'entendit jamais dire un mot.
... il avait le trac.

* * *

Quel est le comble du zèle pour un médecin aliéniste?
Soigner du papier timbré.

* * *

Ceux qui s'agenouillent risquent fort d'être pris pour des culs-de-jatte.

* * *

Une critique est un lecteur qui rumine, il devrait aussi avoir plusieurs estomacs.

* * *

Concert ce soir au pénitencier de Saint-Vincent-de-Paul. Au programme musique de Wagner sur instrument à cordes, une seule représentation.

* * *

— C'est vrai papa que les hommes descendent du singe?
— Oui mon petit.
— Mais il y a des singes qui restent singes.
— Oui, il y en a qui préfèrent ça...

* * *

— Que pensez-vous de l'augmentation de la population?
— Je pense que c'est un bien, parce qu'il y a la concurrence mondiale.

* * *

Un homme se présente au bureau de l'assurance-chômage:
— J'ai une femme et 14 enfants.
— Que savez-vous faire d'autre?

* * *

Deux jeunes femmes discutent ensemble.

— Regarde-moi cette photo qu'on a prise de moi, elle ne me rend certainement pas justice.

— Et l'autre de répliquer: c'est la justice que tu veux, ou la miséricorde?

— Je désirerais des roses, les plus belles que vous ayez...

— Bien sûr monsieur. Combien en désirez-vous?

— Mettez en 30, c'est pour fêter le 45ième anniversaire de ma femme.

* * *

Un saule pleureur est scandalisé... il a surpris un autre saule pleureur en train de rire.

* * *

Deux miroirs se regardent:

— Tu vois quelque chose?

— Non... et toi?

— Moi non plus..

— Et dire que c'est pour rien que les femmes passent des heures à nous regarder!

* * *

— Combien as-tu écopé au jugement?

— Trois ans de prison.

— Pourquoi?

— Pour rien, je suis innocent.

— Pas d'histoire, si tu étais innocent, tu aurais eu au moins dix ans.

* * *

Les Anglais ne comprennent rien à la musique, mais ils adorent le bruit qu'elle fait.

* * *

Lors d'un concours créé récemment: concours de bébé qui pleure le plus fort, les trois premières places ont été enlevées par des filles.

* * *

Albert, je ne retrouve plus mes boucles d'oreilles. En m'embrassant hier, ne les aurais-tu pas avalées?

*　*　*

Voler un baiser, c'est justice; acheter un baiser, c'est stupidité; deux filles qui s'embrassent, c'est du temps perdu; ne pas s'embrasser du tout, c'est de mauvais goût: deux hommes qui s'embrassent, c'est contre nature; embrasser la main ou le bout des doigts, c'est platonisme outré: embrasser sa soeur, c'est indispensable; embrasser sa femme, c'est une punition; embrasser un enfant, c'est un détour, un prétexte, un regret de ne pouvoir embrasser la mère, même quand le mari n'est pas là; embrasser un enfant au cou de sa maman, c'est pour qu'il ne répète rien à papa, ou c'est un sauf-conduit, une évasion, en cas de surprise brusque, visite inattendue; embrasser une laideur, c'est du courage; une veuve, c'est quelquefois du dévouement; un poteau, c'est de la surprise; une porte fermée, c'est du désappointement; sa femme de chambre, c'est dangereux; sa carrière, c'est sérieux; sa mère, c'est de tous les baisers le plus beau; sa fiancée, c'est tout prémédité; une tante riche et vieille fille, c'est de l'hypocrisie; une jolie cousine à la fleur de l'âge, c'est une friandise délicieuse; la femme d'un autre, c'est excellent et parfait, mais nuisible; une morte, c'est le froid baiser d'une chaude imagination; trois filles le même jour, c'est plus que la paire; une fille que son père surveille, cela vous fait sauter la barrière et enfin embrasser sa belle-mère, c'est si rare!

*　*　*

— Dis papa, pourquoi que les poissons sont muets?
— Imbécile, est-ce que tu pourrais parler toi, avec la bouche pleine d'eau...

*　*　*

Des chaussures baillent. Elles ont l'estomac dans les talons.

*　*　*

Sur un chantier des briques s'ennuient. Au point que l'une d'elles finit par proposer: On fait le mur?

*　*　*

* * *

Mesdames, saviez-vous que le vison rose s'obtient par croisement du vison roux avec le vison lavande, et qu'il faut soixante peaux pour faire un manteau.

* * *

La création du monde peut se résumer ainsi: Une pomme, deux poires, puis un tas de pépins...

* * *

Le métier de comédien est un métier anormal, sauf pour les femmes qui, elles mentent naturellement.

* * *

Jamais les peines qui suivent une folie n'ont empêché d'en faire d'autres.

* * *

Une famille de Montréal vient d'être rapatriée en Russie. Pendant qu'elle emménage dans le nouvel appartement, l'administrateur de l'immeuble déclare:
— Si vous avez besoin de quelque chose, venez me trouver, je vous expliquerai comment on peut s'en passer!

* * *

Pour les chiens domestiqués, c'est-à-dire ceux qui demeurent en appartement, voici une liste de nouveaux produits mis sur le marché:
— Chewing-gum parfumé au jus de viande.
— Vernis à griffes.
— Pâte dentifrice à la saveur de foie.

* * *

Un nouveau disque vient de sortir sur le marché. En effet, ce disque explique la façon de faire sa déclaration d'impôt...
— Espérons que ce disque apportera une contribution louable.

* * *

Une rose soupire: J'ai une de ces migraines... ça m'étonne pas lui dit une tulipe: vous vous parfumez trop...

*   *   *

Coin Guy et Sainte-Catherine:
— Qu'est-ce que vous pêchez, il y a du poisson ici?
— Vous êtes le 3e que je prends aujourd'hui.

*   *   *

Deux poux, le père et le fils se promènent sur le crâne d'un monsieur chauve. Mon fils lorsque j'avais ton âge, ceci était une belle forêt vierge.

Achevé d'imprimer sur les presses de
L'IMPRIMERIE ELECTRA *
pour
LES EDITIONS DE L'HOMME LTÉE

* Division du groupe Sogides Ltée

Ouvrages parus chez les Éditeurs du groupe Sogides

Ouvrages parus aux ÉDITIONS DE L'HOMME

ART CULINAIRE

Art d'apprêter les restes (L'),
S. Lapointe,
Art de la table (L'), M. du Coffre,
Art de vivre en bonne santé (L'),
Dr W. Leblond,
Boîte à lunch (La), L. Lagacé,
101 omelettes, M. Claude,
Cocktails de Jacques Normand (Les),
J. Normand,
Congélation (La), S. Lapointe,
Conserves (Les), Soeur Berthe,
Cuisine chinoise (La), L. Gervais,
Cuisine de maman Lapointe (La),
S. Lapointe,
Cuisine de Pol Martin (La), Pol Martin,
Cuisine des 4 saisons (La),
Mme Hélène Durand-LaRoche,
Cuisine en plein air, H. Doucet,
Cuisine française pour Canadiens,
R. Montigny,
Cuisine italienne (La), Di Tomasso,
Diététique dans la vie quotidienne,
L. Lagacé,
En cuisinant de 5 à 6, J. Huot,
Fondues et flambées de maman Lapointe,
S. Lapointe,
Fruits (Les), J. Goode,

Grande Cuisine au Pernod (La),
S. Lapointe,
Hors-d'oeuvre, salades et buffets froids,
L. Dubois,
Légumes (Les), J. Goode,
Madame reçoit, H.D. LaRoche,
Mangez bien et rajeunissez, R. Barbeau,
Poissons et fruits de mer,
Soeur Berthe,
Recettes à la bière des grandes cuisines Molson, M.L. Beaulieu,
Recettes au "blender", J. Huot,
Recettes de gibier, S. Lapointe,
Recettes de Juliette (Les), J. Huot,
Recettes de maman Lapointe,
S. Lapointe,
Régimes pour maigrir, M.J. Beaudoin,
Tous les secrets de l'alimentation,
M.J. Beaudoin,
Vin (Le), P. Petel,
Vins, cocktails et spiritueux,
G. Cloutier,
Vos vedettes et leurs recettes,
G. Dufour et G. Poirier,
Y'a du soleil dans votre assiette,
Georget-Berval-Gignac,

DOCUMENTS, BIOGRAPHIE

Architecture traditionnelle au Québec (L'),
Y. Laframboise,
Art traditionnel au Québec (L'),
Lessard et Marquis,
Artisanat québécois 1. Les bois et les textiles, C. Simard,

Artisanat québécois 2. Les arts du feu,
C. Simard,
Acadiens (Les), E. Leblanc,
Bien-pensants (Les), P. Berton,
Ce combat qui n'en finit plus,
A. Stanké,-J.L. Morgan,

Charlebois, qui es-tu?, B. L'Herbier,

Comité (Le), M. et P. Thyraud de Vosjoli,

Des hommes qui bâtissent le Québec,
  collaboration,

Drogues, J. Durocher,

Epaves du Saint-Laurent (Les),
  J. Lafrance,

Ermite (L'), L. Rampa,

Fabuleux Onassis (Le), C. Cafarakis,

Félix Leclerc, J.P. Sylvain,

Filière canadienne (La), J.-P. Charbonneau,

Francois Mauriac, F. Seguin,

Greffes du coeur (Les), collaboration,

Han Suyin, F. Seguin,

Hippies (Les), Time-coll.,

Imprévisible M. Houde (L'), C. Renaud,

Insolences du Frère Untel, F. Untel,

J'aime encore mieux le jus de betteraves,
  A. Stanké,

Jean Rostand, F. Seguin,

Juliette Béliveau, D. Martineau,

Lamia, P.T. de Vosjoli,

Louis Aragon, F. Seguin,

Magadan, M. Solomon,

Maison traditionnelle au Québec (La),
  M. Lessard, G. Vilandré,

Maîtresse (La), James et Kedgley,

Mammifères de mon pays,
  Duchesnay-Dumais,

Masques et visages du spiritualisme
  contemporain, J. Evola,

Michel Simon, F. Seguin,

Michèle Richard raconte Michèle Richard,
  M. Richard,

Mon calvaire roumain, M. Solomon,

Mozart, raconté en 50 chefs-d'oeuvre,
  P. Roussel,

Nationalisation de l'électricité (La),
  P. Sauriol,

Napoléon vu par Guillemin, H. Guillemin,

Objets familiers de nos ancêtres, L. Ver-
  mette, N. Genêt, L. Décarie-Audet,

On veut savoir, (4 t.), L. Trépanier,

Option Québec, R. Lévesque,

Pour entretenir la flamme, L. Rampa,

Pour une radio civilisée, G. Proulx,

Prague, l'été des tanks, collaboration,

Premiers sur la lune,
  Armstrong-Aldrin-Collins,

Prisonniers à l'Oflag 79, P. Vallée,

Prostitution à Montréal (La),
  T. Limoges,

Provencher, le dernier des coureurs
  des bois, P. Provencher,

Québec 1800, W.H. Bartlett,

Rage des goof-balls (La),
  A. Stanké, M.J. Beaudoin,

Rescapée de l'enfer nazi, R. Charrier,

Révolte contre le monde moderne,
  J. Evola,

Riopelle, G. Robert,

Struma (Le), M. Solomon,

Terrorisme québécois (Le), Dr G. Morf,

Ti-blanc, mouton noir, R. Laplante,

Treizième chandelle (La), L. Rampa,

Trois vies de Pearson (Les),
  Poliquin-Beal,

Trudeau, le paradoxe, A. Westell,

Un peuple oui, une peuplade jamais!
  J. Lévesque,

Un Yankee au Canada, A. Thério,

Une culture appelée québécoise,
  G. Turi,

Vizzini, S. Vizzini,

Vrai visage de Duplessis (Le),
  P. Laporte,

ENCYCLOPEDIES

Encyclopédie de la maison québécoise,
  Lessard et Marquis,

Encyclopédie des antiquités du Québec,
  Lessard et Marquis,

Encyclopédie des oiseaux du Québec,
  W. Earl Godfrey,

Encyclopédie du jardinier horticulteur,
  W.H. Perron,

Encyclopédie du Québec, Vol. I et Vol. II,
  L. Landry,

ESTHETIQUE ET VIE MODERNE

Cellulite (La), Dr G.J. Léonard,
Chirurgie plastique et esthétique (La),
  Dr A. Genest,
Embellissez votre corps, J. Ghedin,
Embellissez votre visage, J. Ghedin,
Etiquette du mariage, Fortin-Jacques,
  Farley,
Exercices pour rester jeune, T. Sekely,
Exercices pour toi et moi,
  J. Dussault-Corbeil,
Face-lifting par l'exercice (Le),
  S.M. Rungé,
Femme après 30 ans (La), N. Germain,

Femme émancipée (La), N. Germain et
  L. Desjardins,
Leçons de beauté, E. Serei,
Médecine esthétique (La),
  Dr G. Lanctôt,
Savoir se maquiller, J. Ghedin,
Savoir-vivre, N. Germain,
Savoir-vivre d'aujourd'hui (Le),
  M.F. Jacques,
Sein (Le), collaboration,
Soignez votre personnalité, messieurs,
  E. Serei,
Vos cheveux, J. Ghedin,
Vos dents, Archambault-Déom,

LINGUISTIQUE

Améliorez votre français, J. Laurin,
Anglais par la méthode choc (L'),
  J.L. Morgan,
Corrigeons nos anglicismes, J. Laurin,
Dictionnaire en 5 langues, L. Stanké,

Petit dictionnaire du joual au français,
  A. Turenne,
Savoir parler, R.S. Catta,
Verbes (Les), J. Laurin,

LITTERATURE

Amour, police et morgue, J.M. Laporte,
Bigaouette, R. Lévesque,
Bousille et les justes, G. Gélinas,
Berger (Les), M. Cabay-Marin, Ed. TM,
Candy, Southern & Hoffenberg,
Cent pas dans ma tête (Les), P. Dudan,
Commettants de Caridad (Les),
  Y. Thériault,
Des bois, des champs, des bêtes,
  J.C. Harvey,
Ecrits de la Taverne Royal, collaboration,
Exodus U.K., R. Rohmer,
Exxoneration, R. Rohmer,
Homme qui va (L'), J.C. Harvey,
J'parle tout seul quand j'en narrache,
  E. Coderre,
Malheur a pas des bons yeux (Le),
  R. Lévesque,
Marche ou crève Carignan, R. Hollier,
Mauvais bergers (Les), A.E. Caron,

Mes anges sont des diables,
  J. de Roussan,
Mon 29e meurtre, Joey,
Montréalités, A. Stanké,
Mort attendra (La), A. Malavoy,
Mort d'eau (La), Y. Thériault,
Ni queue, ni tête, M.C. Brault,
Pays voilés, existences, M.C. Blais,
Pomme de pin, L.P. Dlamini,
Printemps qui pleure (Le), A. Thério,
Propos du timide (Les), A. Brie,
Séjour à Moscou, Y. Thériault,
Tit-Coq, G. Gélinas,
Toges, bistouris, matraques et soutanes,
  collaboration,
Ultimatum, R. Rohmer,
Un simple soldat, M. Dubé,
Valérie, Y. Thériault,
Vertige du dégoût (Le), E.P. Morin,

LIVRES PRATIQUES – LOISIRS

Aérobix, Dr P. Gravel,
Alimentation pour futures mamans,
  T. Sekely et R. Gougeon,

Améliorons notre bridge, C. Durand,
Apprenez la photographie avec Antoine
  Desilets, A. Desilets,

LE MONDE DES AFFAIRES ET LA LOI

PATOF

SANTE, PSYCHOLOGIE, EDUCATION

Activité émotionnelle (L'), P. Fletcher,
Allergies (Les), Dr P. Delorme,
Apprenez à connaître vos médicaments,
R. Poitevin,
Caractères et tempéraments,
C.-G. Sarrazin,
Comment animer un groupe,
collaboration,
Comment nourrir son enfant,
L. Lambert-Lagacé,
Comment vaincre la gêne et la timidité,
R.S. Catta,
Communication et épanouissement
personnel, L. Auger,
Complexes et psychanalyse,
P. Valinieff,
Contact, L. et N. Zunin,
Contraception (La), Dr L. Gendron,
Cours de psychologie populaire,
F. Cantin,
Dépression nerveuse (La), collaboration,
Développez votre personnalité,
vous réussirez, S. Brind'Amour,
Douze premiers mois de mon enfant (Les),
F. Caplan,
Dynamique des groupes,
Aubry-Saint-Arnaud,
En attendant mon enfant,
Y.P. Marchessault,
Femme enceinte (La), Dr R. Bradley,
Guérir sans risques, Dr E. Plisnier,
Guide des premiers soins, Dr J. Hartley,

Guide médical de mon médecin de famille,
Dr M. Lauzon,
Langage de votre enfant (Le),
C. Langevin,
Maladies psychosomatiques (Les),
Dr R. Foisy,
Maman et son nouveau-né (La),
T. Sekely,
Mathématiques modernes pour tous,
G. Bourbonnais,
Méditation transcendantale (La),
J. Forem,
Mieux vivre avec son enfant, D. Calvet,
Parents face à l'année scolaire (Les),
collaboration,
Personne humaine (La), Y. Saint-Arnaud,
Pour bébé, le sein ou le biberon,
Y. Pratte-Marchessault,
Pour vous future maman, T. Sekely,
15/20 ans, F. Tournier et P. Vincent,
Relaxation sensorielle (La), Dr P. Gravel,
S'aider soi-même, L. Auger, 4.00
Soignez-vous par le vin, Dr E. A. Maury,
Volonté (La), l'attention, la mémoire,
R. Tocquet,
Vos mains, miroir de la personnalité,
P. Maby,
Votre personnalité, votre caractère,
Y. Benoist-Morin,
Yoga, corps et pensée, B. Leclerq,
Yoga, santé totale pour tous,
G. Lescouflar,

SEXOLOGIE

Adolescent veut savoir (L'),
Dr L. Gendron,
Adolescente veut savoir (L'),
Dr L. Gendron,
Amour après 50 ans (L'), Dr L. Gendron,
Couple sensuel (Le), Dr L. Gendron,
Déviations sexuelles (Les), Dr Y. Léger,
Femme et le sexe (La), Dr L. Gendron,
Helga, E. Bender,
Homme et l'art érotique (L'),
Dr L. Gendron,
Madame est servie, Dr L. Gendron,

Maladies transmises par relations
sexuelles, Dr L. Gendron,
Mariée veut savoir (La), Dr L. Gendron,
Ménopause (La), Dr L. Gendron,
Merveilleuse histoire de la naissance (La),
Dr L. Gendron,
Qu'est-ce qu'un homme, Dr L. Gendron,
Qu'est-ce qu'une femme, Dr L. Gendron,
Quel est votre quotient psycho-sexuel?
Dr L. Gendron,
Sexualité (La), Dr L. Gendron,
Teach-in sur la sexualité,
Université de Montréal,
Yoga sexe, Dr L. Gendron et S. Piuze,

SPORTS (collection dirigée par Louis Arpin)

ABC du hockey (L'), H. Meeker,
Aikido, au-delà de l'agressivité,
M. Di Villadorata,
Bicyclette (La), J. Blish,

Comment se sortir du trou au golf,
Brien et Barrette,
Courses de chevaux (Les), Y. Leclerc,

Ouvrages parus à
L'ACTUELLE
JEUNESSE

Ouvrages parus à
L'ACTUELLE

Ouvrages parus aux
PRESSES LIBRES

Books published by HABITEX

Aikido, M. di Villadorata,
Blender recipes, J. Huot,
Caring for your lawn, P. Pouliot,
Cellulite, G .Léonard,
Complete guide to judo (The), L. Arpin,
Complete Woodsman (The),
  P. Provencher,
Developping your photographs,
  A. Desilets,
8/Super 8/16, A. Lafrance,
Feeding your child, L. Lambert-Lagacé,
Fondues and Flambes,
  S. and L. Lapointe,
Gardening, P. Pouliot,
Guide to Home Canning (A),
  Sister Berthe,
Guide to Home Freezing (A),
  S. Lapointe,
Guide to self-defense (A), L. Arpin,
Help Yourself, L. Auger,

Interpreting your Dreams, L. Stanké,
Living is Selling, J.-M. Chaput,
Mozart seen through 50 Masterpieces,
  P. Roussel,
Music in Canada 1600-1800,
  B. Amtmann,
Photo Guide, A. Desilets,
Sailing, N. Kebedgy,
Sansukai Karate, Y. Nanbu,
"Social" Diseases, L. Gendron,
Super 8 Cine Guide, A. Lafrance
Taking Photographs, A. Desilets,
Techniques in Photography, A. Desilets,
Understanding Medications, R. Poitevin,
Visual Chess, H. Tranquille,
Waiting for your child,
  Y. Pratte-Marchessault,
Wine: A practical Guide for Canadians,
  P. Petel,
Yoga and your Sexuality, S. Piuze and
  Dr. L. Gendron,

Diffusion Europe

Belgique: 21, rue Defacqz — 1050 Bruxelles
France: 4, rue de Fleurus — 75006 Paris